나에게로 中國語

정윤철 양춘기 삐레이(毕垒)
리우천(刘辰) 시나(席娜)

읽기와 쓰기 3

부산외국어대학교 출판부

나·에게로 中國語 읽기와 쓰기 3

2012년 8월 24일 초판 1쇄 발행

저 자/ 정윤철 · 양춘기 · 삐레이(毕垒) · 리우천(刘辰) · 시나(席娜)
발행인/ 정 해 린
발행처/ 부산외국어대학교 출판부
등 록/ 제 카7-53호 (1988. 9. 1.)
주 소/ 608-738 부산광역시 남구 석포로 15
전 화/ 051) 640-3439 팩스/ 051) 640-3580
E-mail/ press@bufs.ac.kr
편 집/ 주간 · 이종문, 디자인 · 정순식
인쇄처/ 세종문화사 (051)463-5898
공급처/ 한국출판협동조합 (02)716-5616~9

* 이 도서는 부산외국어대학교의 연구활동을 진작시키고 출판물의 저작 · 보급을 촉진하기 위해 도서개발 연구비가 지원된 도서입니다.

ISBN 978-89-8312-366-4 03720

값 12,000 원

목차

이 책은…

"나에게로 中國語" 3급 <읽기와 쓰기>는 "나에게로 中國語" 시리즈 6단계 중 3단계의 <읽기와 쓰기>에 해당하는 교재입니다. "나에게로 中國語" 시리즈는 신HSK(중국어능력시험)의 1급에서 6급까지 망라하며 언어의 4대 기능영역인 듣기, 말하기, 읽기, 쓰기의 균형 잡힌 교육을 위하여, 1-2 단계는 4대 영역을 한 권으로 통합하여 학기당 한 권으로 구성하고, 3단계부터 6단계까지는 좀 더 전문적이고, 단계적인 영역별 학습을 위하여 <듣기와 말하기>, <읽기와 쓰기> 두 권을 한 묶음으로 기획하고 있습니다.

본 교재의 특징은 아래와 같습니다.

● 언어 4대 기능영역을 포괄하는 내용과 형식의 유기적 연계

<듣기와 말하기>, <읽기와 쓰기>가 한 셋트로 묶어져 있고, 내용상으로도 동시에 진행되도록 하기 위하여, <읽기와 쓰기>교재에서 학습한 내용을 <듣기와 말하기>교재에서 익히도록 편성하여, 학습자가 4대 영역을 골고루 학습하고, 충분한 반복 연습이 가능하도록 구성하였습니다.

● 신HSK 단계별 등급에 맞춘 체계적인 교재

본 교재는 전체 6단계가 신HSK의 6등급에 맞추어 편찬되어 처음부터 시작하는 초급자나 중급 및 고급 수준의 학습자도 자신의 실력에 적합한 교재를 선택하기에 편리하게 기획되었습니다. 모든 교재에는 현재 학습하고 있는 수준이 어디쯤인지 한 눈에 알 수 있게 모든 단어에 신 HSK의 등급을 표시하였고, 어법도 등급을 철저히 지켜 단계별로 구성하였습니다. <읽기와 쓰기>교재에는 신HSK의 阅读/写作 모의문제를 수록하고, <듣기와 말하기>교재에는 听力/口试 모의문제를 초급(1-2급), 중급(3-4급), 고급(5-6급)에 맞추어 구성하여 교과서로서의 기능 뿐 아니라, 완벽한 시험 준비서로서의 역할도 충분히 수행할 수 있도록 하였습니다.

● 서술문 형식의 중국어를 위한 낭독 파트 채용

본 교재는 각 과의 꼬리부분에, 끊어 읽기 기호를 표시한 본문을 다시 한 번 출현시켜 학생 스스로 낭독할 수 있게 함으로써, 머리 속에만 문자형태로 기억되는 중국어에서 탈피하여 운율을 살려 입으로 말하는 살아있는 중국어를 익힐 수 있도록 구성하였습니다.

● 과업중심 언어교수법(Task-based Language Teaching)을 채용한 임무완성 형태의 과제제시

본 교재는 각 과의 마지막 부분에 "행동과제"를 설계하여, 교사가 과제 형태로 제시하여 학습자에게 시간을 주고 이행하게 함으로써 학습자의 적극적이고 주동적인 학습을 유도하는 한편, 학습자의 흥미를 유발하고 실생활에서 사용하게 함으로써 어휘학습이 교실에서 그치지 않고 실생활로 확장되도록 의도하였습니다. 또한 각 학습자의 개성에 따라 서로 다른 결과를 낼 수 있어, 상황에 따른 다양한 어휘를 재미있고, 자연스럽게 습득할 수 있는 열린 학습의 장을 마련하였습니다.

● 매 권의 뒷부분에 단어 색인 및 각 등급별 어휘를 부록으로 제시

본 교재에서는 신HSK 각 등급의 해당어휘를 책 뒤편에 부록으로 수록하여 학습자 스스로 새 단어와 연습문제에 출현하지 않은 어휘까지도 학습할 수 있도록 함으로써 해당 단계에서 습득해야 하는 기본적인 어휘를 완벽 마스터할 수 있도록 구성하였습니다.

본 교재는 현행 한 학기의 강의 실정에 맞추어 12개 과로 구성되었으며, 매 과의 체계는 다음과 같습니다.

- ✦ 본문
- ✦ 새 단어
- ✦ 어법해설
- ✦ 유형연습
- ✦ 연습문제
- ✦ HSK연습문제(읽기, 쓰기 영역)
- ✦ 낭독하기
- ✦ 행동과제

● 알아두기

① 품사구분기호

명 명사	동 동사	형 형용사
부 부사	수 수사	양 양사
개 개사	고유 고유명사	대 대명사
조 조사	조동 조동사	접 접속사
감 감탄사	방 방위사	

② 2 종류 이상의 품사를 가지는 단어는 매 과의 회화에 출현하는 용법을 기준으로 "새 단어" 및 "보충 단어"에 한 가지 품사만 표기하였습니다.

③ 본 교재에 출현하는 "一"와 "不"의 성조 표기는 변조된 이후의 성조값으로 표기하였습니다.

第1课 珍岛犬小白

Zhēndǎoquǎn Xiǎobái

제1과 진돗개 백구

핵 심 어 법

1. 겹어문
2. 시간, 길이를 나타내는 수량사
3. 부사 终于
4. 부사 一直

第1课 珍岛犬小白

Zhēndǎoquǎn Xiǎobái

课 文

RW 1-1

珍岛犬是韩国人最喜欢的狗，小白可能是韩国最有名的珍岛犬!

小白小时候，主人家里没有钱，就把它卖到了很远的大田。新主人对小白很好，但是，小白一直想着妈妈和家乡－－珍岛。有一天，小白决定要回珍岛!它用了7个多月的时间，走了300公里，终于从大田回到了珍岛!

小白让韩国人觉得很感动，因为它的身上有韩国“白衣民族”的精神!

Zhēndǎoquǎn shì Hánguórén zuì xǐhuan de gǒu, Xiǎobái kěnéng shì Hánguó zuì yǒumíng de Zhēndǎoquǎn!

Xiǎobái xiǎo shíhou, zhǔrén jiā li méiyǒu qián, jiù bǎ tā mài dào le hěn yuǎn de Dàtián.Xīn zhǔrén duì Xiǎobái hěn hǎo, dànshì, Xiǎobái yìzhí xiǎngzhe māmɑ hé jiāxiāng——Zhēndǎo.Yǒu yì tiān, Xiǎobái juédìng yào huí Zhēndǎo ! Tā yòngle 7 gè duō yuè de shíjiān, zǒule 300 gōnglǐ, zhōngyú cóng Dàtián huí dào le Zhēndǎo!

Xiǎobái ràng Hánguórén juéde hěn gǎndòng, yīnwèi tā de shēn shàng yǒu Hánguó "báiyī-mínzú"de jīngshén!

새 단어

RW 1-2

1	珍岛	고유	Zhēndǎo	진도	
2	犬	명	quǎn	개	6
3	小白	고유	Xiǎobái	백구	
4	小时候		xiǎo shíhou	어렸을 때	
5	卖	동	mài	팔다	2
6	大田	고유	Dàtián	대전	
7	主人	명	zhǔrén	주인	5
8	家乡	명	jiāxiāng	고향	5
9	决定	동	juédìng	결정하다	3
10	公里	양	gōnglǐ	킬로미터	4
11	感动	동	gǎndòng	감동하다	4
12	白衣		báiyī	흰 옷	
13	民族	명	mínzú	민족	4
14	精神	명	jīngshén	정신	4

어법해설

1. 겸어문(兼语句)

겸어문은 '서술어+목적어' 구조인 문장과 '주어+서술어' 구조인 문장이 하나로 결합하여 만들어진 문장 형태로, 앞에 나오는 '서술어+목적어' 구조의 목적어 부분이 뒤에 나오는 '주어+서술어' 구조의 주어를 겸하게 됩니다. 주로 '~로 하여금 ~을 하도록 하다'의 의미를 갖고, 주로 쓰이는 동사로 让、使、请、要求、叫、选 등이 있습니다.

(1) 小白让韩国人觉得很感动。
Xiǎobái ràng Hánguórén juéde hěn gǎndòng.
백구는 한국인에게 감동을 주었다.(한국인으로 하여금 감동하게 하다)

(2) 我们请廷伊唱首歌，好吗?
Wǒmen qǐng Tíngyī chàng shǒu gē，hǎo ma?
우리 정이에게 노래 한 곡 하라고 하자, 어때?
(정이에게 노래 한 곡을 해달라고 부탁하다.)

(3) 大家一致选我做代表。
Dàjiā yízhì xuǎn wǒ zuò dàibiǎo.
모두가 만장일치로 나를 대표로 선출하였다.(나를 선출하여 대표를 하도록 하다)

· 廷伊	고유	Tíngyī	(인명)정이	
· 首	양	shǒu	곡, 수	
· 一致	부	yízhì	일치하여	5
· 代表	명	dàibiǎo	대표	4

2. 시간, 길이를 나타내는 수량사

어떤 명사는 직접 수사와 연결하여 사용하여 양사의 역할을 하는데, 시간이나 길이, 무게 등을 나타내는 이러한 양사들을 도량사라고 합니다.

(1) 它用了7个多月的时间，走了300公里……

Tā yòngle 7 gè duō yuè de shíjiān，zǒule 300 gōnglǐ……

그는 7개월이 넘는 시간을 들여, 300킬로미터를 걸었다.

(2) 姚明的身高有两米二九(2m29cm)。

Yáo Míng de shēngāo yǒu liǎng mǐ èr jiǔ.

야오밍의 키는 2m29cm이다.

(3) 从北京坐火车到西藏的拉萨，要两天一夜。

Cóng Běijīng zuò huǒchē dào Xīzàng de Lāsà，yào liǎng tiān yí yè.

베이징에서 기차를 타고 시짱의 라싸까지, 1박 2일이 걸린다.

· 姚明	고유	Yáo Míng	(인명)야오밍	
· 身高	명	shēngāo	키	
· 西藏	고유	Xīzàng	(지명)시짱	
· 拉萨	고유	Lāsà	(지명)라싸	
· 夜	명	yè	밤	5

3. 终于 zhōngyú

부사 终于는 '마침내, 드디어'의 의미를 가지며, 비교적 긴 시간이 지나 바라던 어떤 결과가 나타남을 표시합니다. 终于 뒤에는 2글자 이상의 동사나 형용사가 올 수 있습니다.

(1) (小白) 终于从大田回到了珍岛。

(Xiǎobái) zhōngyú cóng Dàtián huí dào le Zhēndǎo!

(백구는) 마침내 대전에서 진도로 돌아왔습니다.

(2) 我们等了很久，他终于来了。

Wǒmen děngle hěn jiǔ，tā zhōngyú lái le.

우리는 오래 기다렸고, 그가 드디어 왔습니다.

(3) 由于长期坚持游泳，我的身体终于瘦下来了。

Yóuyú chángqī jiānchí yóuyǒng，wǒ de shēntǐ zhōngyú shòu xialai le.

오랫동안 수영을 계속 해온 결과, 나는 드디어 살이 빠지기 시작했다.

· 由于	명	yóuyú	~때문에	4
· 长期	명	chángqī	긴 시간, 장기간	
· 坚持	동	jiānchí	애써 버티다	4
· 瘦	형	shòu	여위다	3

4. 一直 yìzhí

一直는 '줄곧, 항상'의 의미를 지닌 부사로서, 동사와 형용사 앞에 쓰입니다.

(1) 小白一直想着妈妈和家乡。

Xiǎobái yìzhí xiǎngzhe māma hé jiāxiāng.

백구는 항상 엄마와 고향이 그리웠습니다.

(2) 昨天晚上雨一直下了三个小时。

Zuótiān wǎnshang yǔ yìzhí xiàle sān gè xiǎoshí.

어제 저녁에 쉬지 않고 3시간 동안 비가 내렸다.

(3) 病人一直不退烧，真让人着急。

Bìngrén yìzhí bú tuìshāo，zhēn ràng rén zháojí.

환자가 계속 열이 내리지 않으니, 정말 걱정된다.

· 病人	명	bìngrén	환자	
· 退烧	동	tuìshāo	열이 내리다	
· 着急	형	zháojí	초조하다	3

유형연습

RW 1-3

1

小白	让	韩国人	觉得	很感动。
我们	请	廷伊	唱	首歌，好吗?
大家一致	选	我	做	代表。

2

它用了	7个多月	的时间，走了	300公里。
姚明的身高有	两米二九(229cm)。		
从北京坐火车到西藏的拉萨，要	一天两夜。		

3

(小白)		从大田回到了珍岛。
我们等了很久，他	终于	来了。
由于长期坚持游泳，我的身体		瘦下来了。

4

小白		想着妈妈和家乡。
昨天晚上雨	一直	下了三个小时。
病人		不退烧，真让人着急。

연습문제

1 다음 단어와 어울리는 말을 빈 칸에 넣어보세요.

1. 最________ 2. 回________ 3. 从________到________

4. 一直__________ 5. __________的时间

2 밑줄 친 부분이 답이 되도록 의문문을 만들어 보세요.

1. 珍岛犬是韩国人最喜欢的狗。→ ______________________________?
2. 小白的主人把它卖到了很远的大田。→ ______________________________?
3. 它用了7个多月的时间，从大田回到了珍岛!→ ______________________________?
4. 小白让韩国人觉得很感动，因为它的身上有韩国"白衣民族"的精神。

   → ______________________________?

3 아래의 단어들을 사용하여, 본문의 내용을 다시 한 번 말해보세요.

有名　小时候　一直　决定　用　感动　精神

HSK연습문제

1번-5번. 내용이 연결되는 문장을 고르시오.

A 我常去图书馆。

B 他在做什么呢?

C 你要去那儿?

D 我想买一套纪念邮票。

E　妈妈的生日是1月30号，正好是星期六。

F　当然。我们先坐公共汽车，然后换地铁。

예　你知道怎么去那儿吗?　(F)

1. 我出来的时候，他正写作业呢。　(　　)
2. 你看看，这几套怎么样? 是新出的。　(　　)
3. 我也常去，我去那里查资料。　(　　)
4. 我们给她订个生日蛋糕吧。　(　　)
5. 我去邮局寄信，顺便去书店买一本词典。　(　　)

6번-10번. 괄호 안에 가장 알맞은 단어를 A-F 중에서 고르시오.

A　东边　　B　声音　　C　杂志　　D　错　　E　想　　F　公斤

예　他说话的 (B) 多好听啊。

6. 这个箱子的东西很多，大概重30 (　　)。
7. 这个书包里面有几本中文 (　　) 和一本词典。
8. 往前走大概200米，在一所学校的 (　　) 有一个博物馆。
9. 对不起，我看 (　　) 时间了，所以来晚了。
10. 老师，我姐姐今天来中国，我 (　　) 请假去接她。

11번-15번. 주어진 문장의 내용을 참고하여, 질문에 맞는 답을 고르시오.

예　您是今天来参加会议的吗? 您来早了一点儿，现在才8点半。您先进来坐吧。

★　会议最可能几点开始?

A　八点　　B　八点半　　C　九点 √

11. 田芳对中国的历史和文化感兴趣，我只对汉语感兴趣。

★ 我对什么感兴趣?

A 汉语　　B 历史　　C 文化

12. 芳芳今年27岁了，她想明年去国外工作。她爸爸同意了，但是妈妈不同意。芳芳的妈妈希望她早点结婚。

★ 妈妈不希望芳芳：

A 找工作　　B 早点结婚　　C 结婚太晚

13. 在“朋友”和“友谊”中，“友”的读音不同。

★ 在“朋友”这个词中，“友”的声调是：

A 三声　　B 轻声　　C 二声

14. 因为城市里的汽车太多了，所以空气不太好。

★ 根据这句话，可以知道城市里：

A 空气很好　　B 汽车很少　　C 空气不太好

15. 大夫看了化验结果，说我只是消化不好，不是肠炎。先给我打了一针，接着又给我开了些药。

★ “我”怎么了?

A 消化不好　　B 得肠炎了　　C 住院了

16번–18번. 주어진 단어들을 어법에 맞게 배열하여 완전한 문장을 만드시오.

16. 哪　人　是　国　你

____

17. 电话　他　了　来　又

____

18. 我　感　对　武术　很　兴趣

____

19번-20번. 문장의 내용과 발음기호를 참조하여 괄호 안에 정확한 한자를 써 넣으시오.

[예] 没 (关 guān) 系，别难过，高兴点儿。

19. 我从图书馆 (　jiè　) 来的书该还了。

20. 博物馆 (　lí　) 这儿远吗?

낭독하기

◎ 띄어 읽기에 주의하여 본문을 낭독해 보세요.

珍岛犬 / 是韩国人最喜欢的狗，小白 / 可能是韩国最有名的 / 珍岛犬!

小白小时候，主人家里没有钱，就把它 / 卖到了很远的 / 大田。新主人对小白很好，但是，小白一直想着妈妈 / 和家乡——珍岛。有一天，小白决定 / 要回珍岛! 它用了 / 7个多月的时间，走了 / 300公里，终于从大田 / 回到了珍岛!

小白 / 让韩国人觉得 / 很感动，因为它的身上 / 有韩国“白衣民族”的 / 精神!

행동과제

강아지나 고양이의 중국이름을 지어보고, 왜 그렇게 지었는지 말해보세요.

第2课 今年我20岁了

Jīnnián wǒ 20 suì le

제2과 난 올해 스무 살이다

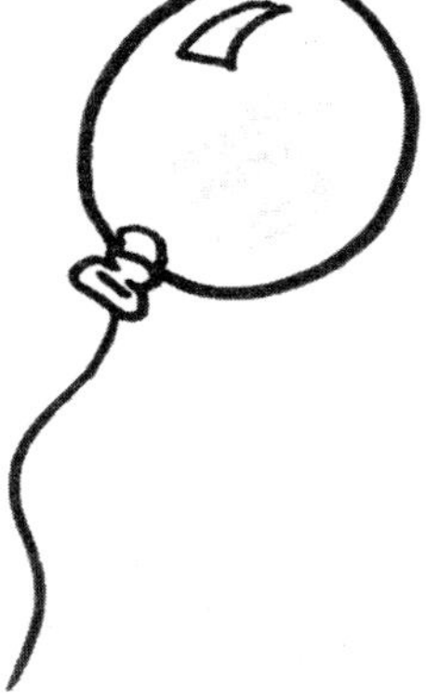

핵 심 어 법

1. 어림수의 표현
2. 연동문
3. 형용사와 동사의 중첩형
4. 先A, 再B

第2课　今年我20岁了

Jīnnián wǒ 20 suì le

课文

RW 2-1

3月1号，我要上大学了！那天，也是我的20岁生日！

爸爸妈妈很高兴，要给我买一个大大的生日蛋糕！ 他们说，请我的高中同学来我家一起玩。

我给几个同学打了电话，有七八个同学说，他们很高兴来我家玩。我们想先在家跟爸爸妈妈一起聊一会儿、吃吃饭，再去酒吧喝一点儿啤酒，去KTV唱唱歌……我们已经长大了，可以喝一点儿酒了！哈哈……

3 yuè 1 hào, wǒ yào shàng dàxué le ! Nà tiān, yě shì wǒ de èrshí suì shēngrì!

Bàba māma hěn gāoxìng, yào gěi wǒ mǎi yí gè dàdà de shēngrì dàngāo! Tāmen shuō, qǐng wǒ de gāozhōng tóngxué lái wǒ jiā yìqǐ wán.

Wǒ gěi jǐ gè tóngxué dǎle diànhuà, yǒu qī-bā gè tóngxué shuō, tāmen hěn gāoxìng lái wǒ jiā wán.Wǒmen xiǎng xiān zài jiā gēn bàba māma yìqǐ liáo yíhuìr、chī-chīfàn, zài qù jiǔbā hē yìdiǎnr píjiǔ, qù KTV chàng-changgē··· Wǒmen yǐjīng zhǎng dà le, kěyǐ hē yìdiǎnr jiǔ le! Hāhā···

새 단어

RW 2-2

1	(上)大学	명	(shàng) dàxué	대학(에 입학하다, 다니다)	2
2	给……买……		gěi··· mǎi···	~에게 ~을 사주다	
	给……打电话		gěi···dǎ diànhuà	~에게 전화를 걸다	2
3	蛋糕	명	dàngāo	케이크	3
4	请	동	qǐng	청하다, 초대하다	2
5	高中	명	gāozhōng	고등학교	4
6	先……再……		xiān···zài···	먼저……, 그 다음……	3
7	聊天	동	liáotiān	수다 떨다, 한담을 나누다	4
8	酒吧	명	jiǔbā	술집	5
9	啤酒	명	píjiǔ	맥주	3
10	KTV			노래방	
11	唱歌	동	chànggē	노래 부르다	2
12	已经	부	yǐjīng	이미	2
13	长大		zhǎng dà	성장하다, 크다	3
14	一点儿		yìdiǎnr	조금	
15	哈哈	감	hāhā	하하(웃음소리)	5

어법해설

1. 어림수의 표현

① "几 jǐ "는 보통 10이하의 어림수를 나타냅니다.

(1) 我给几个同学打了电话。

Wǒ gěi jǐ gè tóngxué dǎle diànhuà. 나는 몇몇 친구들에게 전화를 걸었다.

(2) 那里有几个孩子。

Nàli yǒu jǐ gè háizi.

거기에 몇 명의 아이들이 있다.

(3) 春节的时候，我想去看几个朋友。

Chūn Jié de shíhou, wǒ xiǎng qù kàn jǐ gè péngyou.

설 때, 나는 몇 명의 친구를 보러 가고 싶다.

② 연속되는 두 개의 숫자를 이어서 쓰거나 10 이상의 수사 뒤에 "多"를 써서 대략의 수량을 표현합니다.

(1) 有七八个同学说，他们很高兴来我家玩。

Yǒu qī-bā gè tóngxué shuō, tāmen hěn gāoxìng lái wǒ jiā wán.

7-8명의 친구가, 우리 집에 놀러 오게 돼서 매우 기쁘다고 말했다.

(2) 桌子上有三四十本书。

Zhuōzi shàng yǒu sān-sìshí běn shū.

책상 위에 3~40권의 책이 있다.

(3) 从釜山到首尔，大概有四百多公里吧。

Cóng Fǔshān dào Shǒu'ěr, dàgài yǒu sìbǎi duō gōnglǐ ba.

부산에서 서울까지, 대략 400여 킬로미터 정도 된다.

· 春节	고유	Chūn Jié	설날	
· 釜山	고유	Fǔshān	부산	
· 首尔	고유	Shǒu'ěr	서울	
· 大概	명	dàgài	대략, 대강	4

2. 연동문(连动句)

연동문은 2개 이상의 동사가 서술어를 담당하고 있는 구문으로, 공동으로 한 개의 주어를 묘사하게 됩니다.

(1) 他们很高兴来我家玩。

Tāmen hěn gāoxìng lái wǒ jiā wán.

그들은 우리 집에 와서 놀게 된 것을 아주 기뻐했다.

(2) 我们去酒吧喝一点儿啤酒，去KTV唱唱歌。

Wǒmen qù jiǔbā hē yìdiǎnr píjiǔ, qù KTV chàng-chànggē.

우리는 술집에 가서 맥주도 좀 마시고, 노래방에 가서 노래도 부른다.

(3) 他们坐飞机去上海了。

Tāmen zuò fēijī qù Shànghǎi le.

그들은 비행기를 타고 상하이로 갔다.

· 坐(飞机)	동	zuò(fēijī)	(비행기를) 타다
· 上海	고유	Shànghǎi	상하이

3. 형용사와 동사의 중첩형

① 성질이나 상태를 표현하는 형용사를 중첩하면, 정도가 심하거나 감정이 이입된 생동감을 표현합니다.

(1) (爸爸妈妈) 要给我买一个大大的生日蛋糕。

(Bàba māma) yào gěi wǒ mǎi yí gè dàdà de shēngrì dàngāo.

(부모님은) 나에게 커다란 생일 케이크를 사주려고 하신다.

(2) 她的眼睛哭得红红的。

Tā de yǎnjing kū de hónghóng de.

그녀의 눈은 울어서 새빨개졌다.

(3) 你看那个小女孩儿多可爱，弯弯的眉毛，薄薄的嘴唇……

Nǐ kàn nà gè xiǎo nǚháir duō kě'ài,wānwān de méimao, báobáo de zuǐchún…

(너 봐봐) 저 여자아이 얼마나 귀엽니, 둥그런 눈썹이며, 얇은 입술이며…

② 중복 진행이 가능한 일부 동사들을 중첩해서 사용하면 '~해보다'의 의미를 나타내거나, 동작의 작고 가벼움, 혹은 '그냥, 마음대로'등의 어조를 나타냅니다.

(1) 我们想先在家跟爸爸妈妈一起聊一会儿、吃吃饭……去KTV唱唱歌。

Wǒmen xiǎng xiān zài jiā gēn bàba māma yìqǐ liáo yíhuìr、chī-chifàn…qù KTV chàng-changgē.

우리는 우선 집에서 부모님과 얘기도 좀 하면서, 밥도 먹고……노래방에 가서 노래를 부르고 싶다.

(2) 你给我说说你的想法吧。

Nǐ gěi wǒ shuōshuo nǐde xiǎngfǎ ba.

나에게 네 생각을 좀 말해 봐.

(3) 吃完了饭咱们去散散步吧。

Chī wán le fàn zánmen qù sàn-sanbù bɑ.

밥 먹고 나서 우리 산책이나 좀 하러 가자.

· 可爱	형	kě'ài	귀엽다	3
· 弯	형	wān	구부러진	5
· 眉毛	명	méimao	눈썹	5
· 薄	형	báo	얇다	
· 嘴唇	명	zuǐchún	입술	6
· 想法	명	xiǎngfǎ	생각	
· 散步	동	sànbù	산책하다	4

4. 先A, 再B

'先A, 再B' 문형은 우선 A하고, 그리고 나서 B하다'라는 의미로 일정 시간 동안 발생하는 사건의 전후 순서를 나타냅니다.

(1) 我们想先在家跟爸爸妈妈一起聊一会儿、吃吃饭，再去酒吧喝一点儿啤酒。

Wǒmen xiǎng xiān zài jiā gēn bàba māma yìqǐ liáo yíhuìr、chī-chifàn，zài qù jiǔbā hē yìdiǎnr píjiǔ.

우리는 우선 집에서 부모님과 함께 얘기도 좀 하고, 밥도 먹고, 그리고 나서 술집에 가서 술을 좀 마시고 싶다.

(2) 你先了解一下，再决定买什么样的手机吧。

Nǐ xiān liǎojiě yíxià，zài juédìng mǎi shénme yàng de shǒujī ba.

(너는) 좀 알아보고 나서, 어떤 핸드폰을 살 지 결정해라.

(3) 在麦当劳，要先付钱，再吃饭。

Zài Màidāngláo，yào xiān fùqián，zài chīfàn.

맥도날드에서는 먼저 계산을 하고 먹는다.

· 了解	동	liǎojiě	이해하다	3
· 麦当劳	고유	Màidāngláo	맥도날드	
· 付钱	동	fùqián	돈을 지불하다	5

5. 동사/형용사 + (一) 点儿

① 동사 + (一) 点儿은 동작의 양이 적고, 정도가 약함을 나타냅니다.

(1) 我们已经长大了，可以喝 (一) 点儿酒了！

Wǒmen yǐjīng zhǎng dà le，kěyǐ hē (yi) diǎnr jiǔ le!

우리는 이미 성인이 되었으니, 술을 좀 마셔도 된다!

(2) 我会说 (一) 点儿汉语。

Wǒ huì shuō (yi) diǎnr Hànyǔ.

나는 중국어를 좀 할 수 있다.

(3) 请多吃 (一) 点儿吧。

Qǐng duō chī (yi) diǎnr ba.

많이 좀 드세요.

② 형용사 + (一) 点儿은 정도가 약함을 나타내며, 비교에 많이 쓰입니다.

(1) 快(一)点儿走!

Kuài (yi) diǎnr zǒu!

빨리 좀 걸어라!

(2) 慢 (一) 点儿说。

Màn (yi) diǎnr shuō.

천천히 좀 말해!

(3) 这件衣服贵一点儿，那件衣服便宜一点儿。

Zhè jiàn yīfu guì yidiǎnr, nà jiàn yīfu piànyi yidiǎnr.

이 옷은 좀 비싸고, 저 옷은 좀 싼 편이다.

유형연습

RW 2-3

1

我给	几个	同学打了电话。
桌子上有	三四十本	书。
从釜山到首尔，大概有	400多	公里吧。

2

他们	很高兴来我家	玩。
我们	去酒吧	喝一点儿啤酒。
他们	坐飞机	去上海了。

3

妈妈要我买一个	大大的	生日蛋糕。
她的眼睛哭得	红红的。	
那个小女孩儿	弯弯的	眉毛。

4

我们想	先	跟爸爸妈妈一起聊一会儿，	再	去酒吧喝一点儿啤酒。
你		了解一下，		决定买什么样的手机吧。
在麦当劳，要		付钱，		吃饭。

5

我们去KTV	唱唱	歌。
你给我	说说	你的想法吧。
咱们去	散散	步吧。

6

我们可以喝		酒了。
他买了	一点儿	水果。
快		走。

연습문제

1 왼쪽의 의성어가 무슨 소리인지 추측해보고, 오른쪽 설명과 맞도록 선으로 이으세요.

哈哈	敲门声
咚咚	汽车喇叭
哗哗	关门
嘀嘀	笑声
叮咚	雨声
咣当	门铃

2 밑줄 친 부분이 답이 되도록 의문문을 만들어보세요.

예 我是 廷伊。→你是谁?

1. 廷伊要去 仁川 上大学。→ ______________________________
2. 廷伊 要去仁川上大学。→ ______________________________
3. 3月1号 是我20岁的生日。→ ______________________________
4. 3月1号是我 20岁 的生日。→ ______________________________
5. 咱们去 KTV唱唱歌吧。→ ______________________________

3 밑줄로 표시된 서로 다른 강세의 위치에 주의해서 아래의 문장을 읽어 보세요.

下 星期五下午，请你来我家。

下 星期五 下午，请你来我家。

下星期五 下午，请你来我家。

下星期五下午，请 你 来我家。

下星期五下午，请你来 我家。

4 위쪽과 아래쪽을 본문의 내용에 맞게 선으로 이어보고, 본문의 내용을 다시 한 번 얘기해보세요.

3月 1日	我	爸爸妈妈	高中同学

上大学	过生日	在家吃饭	喝酒	唱歌

HSK 연습문제

1번-4번. 내용이 연결되는 문장을 고르시오.

A 是吗? 都这么大了，我都不认识了!
B 大概有四五百公里吧
C 他的身体一直都不太好。
D 下星期就要放假了。
E 当然。我们先坐公共汽车，然后换地铁。

예 你知道怎么去那儿吗? (E)

1. 朋友们都劝他常去锻炼锻炼。 (　　)
2. 从釜山到首尔不太远。 (　　)
3. 是啊，你有什么打算吗? (　　)
4. 你看，走过来的就是我弟弟。 (　　)

5번-8번. 괄호 안에 가장 알맞은 단어를 A - E 중에서 고르시오.

A 一点儿　B 刻　C 多　D 头发　E 声音

예 她说话的 (E) 多好听啊!

5. 我们的火车是五点一（　　）的，再不走就来不及了。

6. 那个黄（　　）黑眼睛的就是他的女朋友。

7. 我的这个新手机要两千（　　）块钱。

8. 我们已经20岁了，可以喝（　　）酒了。

9번-12번. 주어진 문장의 내용을 참고하여, 질문에 맞는 답을 고르시오.

예 您是来参加今天会议的吗？您来早了一点儿，现在才八点半。您先进来坐吧。

★ 会议最可能几点开始？

A 8点　　B 8点半　　C 9点 √

9. 很多人一上学就急着想买电脑，其实，他们对电脑的价格、性能并不是很熟悉。所以，我觉得应该先了解一下，再决定买什么样的电脑。

★ 我觉得应该：

A 不要买电脑　　B 马上就买电脑　　C 等一等再买电脑

10. 上海的六七月差不多天天下雨，出门的时候不能忘了带伞。冬天的上海，虽然不下雪，可是湿冷的空气让人难受。春天，到处都是鲜花，是个旅游的好时候。

★ 上海的冬天怎么样？

A 天天下雨　　B 旅游最好　　C 冷得难受

11. 几年不见，她已经从一个小女孩儿变成一个漂亮的姑娘了，我都有点不认识了！但和小时候一样的是，她还是那么喜欢笑，喜欢唱。

★ 她以前怎么样？

A 变得漂亮　　B 不认识我　　C 喜欢唱歌

12. 这次老张来北京的前三天，就打电话给我，让我去接他。可是那天我有事，就让妻子拿着一张写着老张名字的纸，去机场了。

★ 谁来北京？

A 老张　　　　　　B 我　　　　　　C 我妻子

13번–16번. 주어진 단어들을 어법에 맞게 배열하여 완전한 문장을 만드시오.

(예) 小船　上　一　河　条　有

河上有一条小船。

13. 去　我　医院　想　看病

____

14. 大声　请　说话　不要

____

15. 衣服　贵　件　以前　一点儿　这　了　比

____

16. 我　看　很少　去　电影

____

17번–20번. 문장의 내용과 발음기호를 참조하여 괄호 안에 정확한 한자를 써 넣으시오.

(예) 没（ guān ）系，别难过，高兴点儿。

17. 去年夏天，我有一个（ jī ）会去北京，可是我没去。

18. 晚上我一个人出门有点儿（ hài ）怕。

19. 我的（ lín ）居家里有两只可爱的小狗。

20. 我最喜欢吃的水果是香（ jiāo ）

낭독하기

◎ 띄어 읽기에 주의하여 본문을 낭독해 보세요.

3月1号，我要 / 上大学了！那天，也是 / 我的20岁 / 生日！

爸爸妈妈 / 很高兴，要给我买一个 / 大大的 / 生日蛋糕！他们说，请我的高中同学 / 来我家一起玩。

我给几个同学 / 打了电话，有七八个同学说，他们很高兴 / 来我家玩。我们想 / 先在家跟爸爸妈妈一起 / 聊一会儿、吃吃饭，再去酒吧 / 喝一点儿啤酒，去KTV / 唱唱歌……我们已经 / 长大了，可以 / 喝一点儿 / 酒了！哈哈……

행동과제

아래의 상표명이나 인명을 중국어로는 어떻게 말하는지 중국친구에게 물어보거나 인터넷에서 찾아보세요. 이 이름들을 알아두면, 꼭 써먹을 때가 있을 거에요!

KFC	McDonald's	PizzaHut	HYUNDAI	SAMSUNG
Lotte	E-MART	반기문	김연아	부산외국어대학교

第3课 奥运会趣闻

Àoyùnhuì qùwén

제3과 올림픽 에피소드

핵심어법

1. 개사 除了
2. 부사 一定
3. 부사 更

第3课　奥运会趣闻

Àoyùnhuì qùwén

课文

RW 3-1

在现代奥运会100多年的历史里，除了有很多明星，还有很多有趣的小故事。

你知道吗，第1届奥运会的男子网球冠军是一位观众！他在看网球比赛时，决定报名参加，最后却得了冠军！

第5届奥运会，一位马拉松运动员在比赛的路上，因为太累了，就去一个观众家里睡觉，一直到第二天才回到住处……

2018年，韩国就要举办冬奥会了，一定会有更有趣的事发生吧！

Zài xiàndài Àoyùnhuì 100 duō nián de lìshǐ lǐ, chúle yǒu hěn duō míngxīng, háiyǒu hěn duō yǒuqù de xiǎo gùshi.

Nǐ zhīdào ma, dì 1 jiè Àoyùnhuì de nánzǐ wǎngqiú guànjūn shì yí wèi guānzhòng! Tā zài kàn wǎngqiú bǐsài shí, juédìng bàomíng cānjiā, zuìhòu què déle guànjūn!

Dì 5 jiè Àoyùnhuì, yí wèi Mǎlāsōng yùndòngyuán zài bǐsài de lù shang, yīnwèi tài lèi le, jiù qù yí gè guānzhòng jiā li shuìjiào, yìzhí dào dì-èr tiān cái huídào zhùchù···

2018 nián, Hánguó jiù yào jǔbàn Dōng'àohuì le, yídìng huì yǒu gèng yǒuqù de shì fāshēng ba!

새 단어

RW 3-2

1	奥运会	고유	Àoyùnhuì	올림픽	
2	趣闻	명	qùwén	재미있는 이야기, 에피소드	
3	现代	명	xiàndài	현대	4
4	历史	명	lìshǐ	역사	3
5	明星	명	míngxīng	스타, 유명인	5
6	除了……(还有……)	개	chúle···(háiyǒu···)	~를 제외하고, ~외에도···, 또···	3
7	有趣	형	yǒuqù	재미있다	4
8	故事	명	gùshi	이야기	3
9	届	양	jiè	회(행사, 임기의 순서)	5
10	网球	명	wǎngqiú	테니스	4
11	冠军	명	guànjūn	1등, 금메달리스트	5
12	观众	명	guānzhòng	관중	4
13	比赛	명	bǐsài	경기, 시합	3
14	参加	동	cānjiā	참가하다	3
15	马拉松	명	Mǎlāsōng	마라톤	
16	冬奥会	명	Dōng'àohuì	동계 올림픽	
17	更	부	gèng	더욱	3
18	发生	동	fāshēng	발생하다	4

어법해설

1. 除了

“除了 chúle”는 개사(전치사)로서, ‘~외에도, ~를 제외하고는’ 이라는 의미를 나타냅니다. 명사, 동사, 형용사, 구와 결합하고, 뒤에 “外、以外、之外”등을 붙이기도 합니다. 특수한 것을 빼고는 모두 일치함을 강조하거나(a형), 이미 알고 있는 것을 제외하고, 기타 사항을 보충하거나(b형), “除了……就是……”형식으로 둘 중의 하나에는 반드시 해당함(c형)을 나타냅니다.

(1) 在现代奥运会100多年的历史里，除了有很多明星，还有很多有趣的小故事。(b형)

Zài xiàndài Àoyùnhuì 100 duō nián de lìshǐ lǐ, chúle yǒu hěn duō míngxīng, háiyǒu hěn duō yǒuqù de xiǎo gùshi.

현대 올림픽의 100년이 넘는 역사 속에는 수많은 스타들 외에도 재미있는 에피소드들도 정말 많답니다.(b형)

(2) 除了你去过，我们都没去过。(a형)

Chúle nǐ qùguo, wǒmen dōu méi qùguo.

너나 가봤지, 우리는 모두 안 가봤어.

(3) 下午我除了上课就是去图书馆。(c형)

Xiàwǔ wǒ chúle shàngkè jiùshì qù túshūguǎn.

오후에는 나는 수업을 하거나 도서관에 간다.

2. 一定

‘一定 yídìng’은 부사로서, ‘반드시, 꼭’의 뜻입니다. 강한 의지 또는 의심할 여지없이 확실함을 나타냅니다. “不一定”은 상황이 불확실하며, 부정에 더 가까운 어조를 갖고 있습니다.

(1) 韩国就要举办冬奥会了，一定会有更有趣的事发生吧!

Hánguó jiù yào jǔbàn Dōng'àohuì le，yídìng huì yǒu gèng yǒuqù de shì fāshēng ba!

한국에서 곧 동계 올림픽을 개최하게 될텐데, 분명 더 재미있는 일들이 생길 거에요!

(2) (我) 一定要亲眼看看那些心中的偶像!

(Wǒ) yídìng yào qīnyǎn kànkàn nàxiē xīn zhōng de ǒuxiàng!

(난) 내 마음의 우상을 꼭 내 눈으로 직접 보고 말거야!

(3) 不一定开会，打个电话就行了。

Bù yídìng kāihuì，dǎ gè diànhuà jiù xíng le.

꼭 회의를 해야 하는 건 아니야, 전화 한 통만 하면 돼.

3. 更

'更 gèng'은 '더욱'의 뜻을 가진 부사로서, 정도가 이전보다 더 심함을 나타냅니다.

(1) 一定会有更有趣的事发生吧!

Yídìng huì yǒu gèng yǒuqù de shì fāshēng ba!

분명 더욱 재미있는 일들이 생길 거에요!

(2) 这星期比上星期更暖和了。

Zhè xīngqī bǐ shàng xīngqī gèng nuǎnhuo le.

이번 주는 지난 주보다 더 따뜻해졌다.

(3) 天黑了，我又忘了戴眼镜，更看不清楚了。

Tiān hēi le，wǒ yòu wàngle dài yǎnjìng，gèng kàn bu qīngchu le.

날이 어두워진 데다가, 난 안경 쓰는 것까지 잊어버려서, 더더욱 잘 안 보인다.

유형연습

RW 3-3

1

在现代奥运会100多年的历史里,		有很多明星,	还有	很多有趣的小故事。
	除了	你去过，我们	都	没去过。
下午我		上课	就是	去图书馆。

2

韩国就要举办冬奥会了,	一定(会)	有更有趣的事发生吧!
(我)	一定(要)	亲眼看看那些心中的偶像!
	不一定	开会，打个电话就行了。

3

一定会有		有趣的事发生吧!
这星期比上星期	更	暖和了。
天黑了，我又忘了戴眼镜，看得		不清楚了。

연습문제

1 주어진 단어와 어울리는 말을 밑줄 친 빈 칸에 넣어보세요.

1. __________比赛　　2. ___________冠军　　3. 第5___________奥运会

4. __________奥运会　　5. ___________有趣的事

2 밑줄로 표시된 서로 다른 강세의 위치에 주의하면서 아래의 문장을 읽어보세요.

1. 第1届 奥运会的男子网球冠军是一位观众!
2. 第1届奥运会的男子 网球冠军 是一位观众!
3. 第1届奥运会的男子网球冠军是一位 观众!
4. 2018年，韩国就要举办冬奥会了。
5. 2018年，韩国 就要举办冬奥会了。
6. 2018年，韩国就要举办 冬奥会 了。

3 아래의 단어들을 이용하여 올림픽에서 생긴 에피소드를 한 가지 얘기해보세요.

第……届 (或者……年)　　奥运会　　比赛　　冠军　　有趣　　参加　　发生

HSK 연습문제

1번–5번. 내용이 연결되는 문장을 고르시오.

A　今天星期六，坐车太挤，骑车去怎么样?

B　明年我们那儿也要建一个更大的机场呢!

C　下周公司派我去上海，别忘了给鱼换水。

D 当然。我们先坐公共汽车，然后换地铁。

E 珍妮，这块手表太漂亮了！很贵吧？

F 今天是中秋节，看，外边的月亮又圆又大。

[예] 你知道怎么去那儿吗？ (D)

1. 哦，不是买的，是朋友送给我的。 ( )
2. 没问题，大概要几天换一次水？ ( )
3. 外边正下雪呢，骑车不方便。 ( )
4. 这个新机场真大啊！ ( )
5. 广播说在晚上11点40分左右最圆最亮。 ( )

6번-10번. 괄호에서 가장 알맞은 단어를 A-F 중에서 고르시오.

A 搬家　B 毕业　C 声音　D 糖　E 一样　F 律师

[예] 他说话的 (C) 多好听啊。

6. 这本咖啡太苦了，请给我加一点 ( )。
7. 星期六小王 ( )，我们一起去帮他吧。
8. 小王，明天10点在体育馆门前集合，拍 ( ) 照。
9. 小张大学学的是法律，现在在 ( ) 事务所上班。
10. 麦克和张东 ( )，都非常喜欢喝酒。

11번-15번. 주어진 문장의 내용을 참고하여, 질문에 맞는 답을 고르시오.

[예] 您是今天来参加会议的吗？您来早了一点儿，现在才8点半。您先进来坐吧。

★ 会议最可能几点开始？

A 八点　B 八点半　C 九点 √

11. 我在北京的时候，吃过一次全聚德烤鸭，来这儿以后一次还没吃过呢。

★ 他吃过烤鸭吗?

A 从来没吃过　　B 在北京吃过一次　　C 在这儿吃过一次

12. 现在世界上很多人喜欢旅游，旅游对经济发展有好处，可是有时候也会给环境带来污染。

★ 旅游：

A 只有好处　　B 只有坏处　　C 可能会带来污染

13. 中国真大啊，今天早上，我从哈尔滨上飞机的时候，还穿着冬天的衣服，中午到了海南，就换上凉鞋、短裤了。一天内过了两个季节。

★ 现在海南是什么季节?

A 冬天　　B 夏天　　C 秋天

14. 智能手机是我的好朋友，我用手机上网、学习、玩游戏，又快又方便。

★ 我的手机：

A 跟我学习　　B 不能上网　　C 非常方便

15. 你要是去我的办公室找我，最好先给我打个电话，我有时候出去办事，不一定每天都在。

★ 根据上面这句话，我们知道"我"

A 一直在办公室　　B 一定再打电话　　C 有时候不在

16번-18번. 주어진 단어들을 어법에 맞게 배열하여 완전한 문장을 만드시오.

1. 有　图书馆　许多　里　书

____

2. 经常　爸爸　广州　出差　到

____

3. 等　我们　在　了　半小时　车站

____

19번-20번. 문장의 내용과 발음기호를 참조하여 괄호 안에 정확한 한자를 써 넣으시오.

예 没 (关 guān) 系，别难过，高兴点儿。

19. 那个 (tóng) 学是昨天来的。

20. 这句话我没听 (dǒng)。

낭독하기

◎ 띄어 읽기에 주의하여 본문을 낭독해 보세요.

在现代奥运会 / 100多年的历史里，除了有很多明星，还有很多 / 有趣的小故事。

你知道吗，第1届奥运会的 / 男子网球冠军 / 是一位观众！他在看网球比赛时，决定 / 报名参加，最后 / 却得了冠军！

第5届奥运会，一位马拉松运动员 / 在比赛的路上，因为太累了，就去一个观众家里 / 睡觉，一直到第二天 / 才回到住处……

2018年，韩国 / 就要举办 / 冬奥会了，一定会有 / 更有趣的事发生吧！

행동과제

한국의 스포츠 스타의 이름을 중국어 발음으로 세 명 이상 소개해 보세요.

第4课 另类的情人节

Lìnglèi de Qíngrén Jié

제 4 과 특별한 발렌타인데이

핵심어법

1. 개사 为(了)
2. 부사 必须
3. 如果A, 那(么)B
4. 부사 总是

第 4 课　另类的情人节

Lìnglèi de Qíngrén Jié

课文

RW 4-1

韩国年轻人真的喜欢14日!

2月14日，情人节，女生总是送男生巧克力；3月14日，白色情人节，为了答谢，男生送女生糖；4月14日，黑色情人节，如果你没有男朋友(女朋友)，那就穿着黑衣服去吃炸酱面吧!

5月14日，送恋人一束玫瑰花；6月14日，kiss day，你当然知道该做什么了……

12月14日，一年中最后一个14日了，男生为了让女朋友高兴，必须花光所有的钱!

Hánguó niánqīng-rén zhēnde xǐhuan 14 rì!

2 yuè 14 rì, Qíngrén Jié, nǚshēng zǒngshì sòng nánshēng qiǎokèlì ; 3 yuè 14 rì, Báisè Qíngrén Jié, wèile dáxiè, nánshēng sòng nǚshēng táng ; 4 yuè 14 rì, Hēisè Qíngrén Jié, rúguǒ nǐ méiyǒu nán-péngyou(nǚ-péngyou), nà jiù chuānzhe hēi yīfu qù chī zhájiàngmiàn ba!

5 yuè 14 rì, sòng liànrén yí shù méigui huā ; 6 yuè 14 rì,kiss day,nǐ dāngrán zhīdào gāi zuò shénme le…

12 yuè 14 rì, yì nián zhōng zuìhòu yí gè 14 rì le, nánshēng wèile ràng nǚ-péngyou gāoxìng, bìxū huāguāng suǒyǒu de qián!

새 단어

RW 4-2

1	另类	형	lìnglèi	특별하다(신조어)	
2	情人节	고유	Qíngrén Jié	발렌타인 데이	
3	总是	부	zǒngshì	대부분, 일반적으로, 늘, 항상, 자주	3
4	巧克力	명	qiǎokèlì	초콜릿	5
5	糖	명	táng	사탕	3
6	答谢	동	dáxiè	감사의 대답을 하다	
7	如果	접	rúguǒ	만약(~라면)	3
8	炸酱面	명	zhájiàngmiàn	짜장면	
9	恋人	명	liànrén	연인	5
10	束	양	shù	다발	6
11	玫瑰花	명	méigui huā	장미꽃	
12	该	조동	gāi	당연히~해야 한다	3
13	最后	명	zuìhòu	마지막, 최후	4
14	为了	개	wèile	~를 위해	3
15	必须	부	bìxū	반드시	3
16	花(光)	동	huā(guāng)	(돈, 시간을)완전히 써버리다	3
17	所有	명	suǒyǒu	모두, 소유한 모든 ~	4

어법해설

1. 为了

'为了 wèile' 는 '~을 위해서'의 의미를 가진 개사로서 목적의 의미를 가진 개사구를 이끕니다.

(1) 白色情人节，为了答谢，男生送女生糖。

Báisè Qíngrén Jié，wèile dáxiè，nánshēng sòng nǚshēng táng.

화이트데이에는, 감사를 표시하기 위해서, 남자가 여자에게 초콜릿을 선물합니다.

(2) 男生为了让女朋友高兴，必须花光所有的钱!

Nánshēng wèile ràng nǚ-péngyou gāoxìng,bìxū huāguāng suǒyǒu de qián!

남자는 여자를 기쁘게 해주기 위해서 반드시 가진 돈을 모두 써야 합니다.

(3) 他每天为了生活四处奔波。

Tā měitiān wèile shēnghuó sìchù bēnbō.

그는 매일 생활을 위해서 사방팔방을 돌아다닌다.

(4) 为了我们一家人，妈妈每天辛辛苦苦地做饭。

Wèile wǒmen yì jiā rén，māmɑ měitiān xīnxīn-kǔkǔ de zuò fàn.

우리 가족을 위해서 엄마는 매일 고생스럽게 식사를 준비하신다.

· (四处)奔波	동	(sìchù) bēnbō	(사방을) 누비고 다니다	6
· 辛(辛)苦(苦)	형	xīnxīn-kǔkǔ	수고스럽다, (중첩)매우 고생스럽다	4

2. 必须

'必须 bìxū' 는 '꼭, 반드시'라는 뜻으로, 동사, 형용사를 수식하고, 때로는 문장의 맨 앞에 출현하여 전체 문장을 수식할 수도 있습니다.

(1) 男生为了让女朋友高兴，必须花光所有的钱!

Nánshēng wèile ràng nǚ-péngyou gāoxìng, bìxū huāguāng suǒyǒu de qián!

남자는 여자를 기쁘게 해주기 위해서 반드시 가진 돈을 모두 써야 합니다!

(2) 因为要赶火车，明天你必须早点儿起床。

Yīnwèi yào gǎn huǒchē,míngtiān nǐ bìxū zǎo diǎnr qǐchuáng.

기차를 타야 하기 때문에 내일 너는 반드시 일찍 일어나야 한다.

(3) 这次毕业考试你无论如何必须通过。

Zhè cì bìyè kǎoshì nǐ wúlùn-rúhé bìxū tōngguò.

이번 졸업시험은 너는 무슨 일이 있어도 반드시 통과해야 한다.

(4) 因为要写新小说，我必须有一个属于自己的房间。

Yīnwèi yào xiě xīn xiǎoshuō, wǒ bìxū yǒu yí gè shǔyú zìjǐ de fángjiān.

새로운 소설을 써야 하기 때문에, 나는 반드시 내 방이 있어야만 한다.

· 赶	동	gǎn	따라잡다. 서둘러~하다.	5
· 无论如何	성	wúlùn-rúhé	어쨌든, 이유 불문하고	5
· 属于	동	shǔyú	~에 속하다	5

3. 如果A，那(么)B

'만약에 A라면, (그렇다면) B 할 것이다.'라는 의미를 나타내는 가정문 형식으로서, A부분은 가정을 하고, B부분에서는 그 가정 하에 발생하게 될 결과를 추측합니다. "如果 A 的话"형식으로 사용하기도 합니다.

(1) 如果你没有男朋友(女朋友)，那就穿着黑衣服去吃炸酱面吧!

Rúguǒ nǐ méiyǒu nán-péngyou(nǚ-péngyou), nà jiù chuānzhe hēi yīfu qù chī zhájiàngmiàn ba!

만약에 당신이 남자친구(여자친구)가 없다면, (그렇다면) 검은 색 옷을 입고, 짜장면을 드시러 가십시오.

(2) 如果你不想去的话，那就不要去了。

Rúguǒ nǐ bù xiǎng qù de huà, nà jiù bú yào qù le.

만약에 (너는) 가고 싶지 않다면, (그렇다면)가지 마라.

(3) 如果再便宜一点儿的话，我就买。

Rúguǒ zài biànyi yìdiǎnr de huà, wǒ jiù mǎi.

만약에 좀 더 싸게 해 준다면, (나는 바로) 사겠습니다.

(4) 他如果一直不努力学习的话，就真的不能毕业了。

Tā rúguǒ yìzhí bù nǔlì xuéxí de huà, jiù zhēnde bù néng bìyè le.

그가 만약 계속 열심히 공부하지 않는다면, (그렇다면) 정말로 졸업할 수 없을 것이다.

4. 总是

总是 zǒngshì 는 '늘, 항상, 대부분' 등의 의미를 가진 부사입니다. 동사 앞이나, '这么(那么,这样,那样)+형용사' 형식 앞에 쓸 수도 있습니다.

(1) 情人节，女生总是送男生巧克力。

Qíngrén Jié, nǚshēng zǒngshì sòng nánshēng qiǎokèlì.

발렌타인데이에는, 일반적으로 여자가 남자에게 초콜릿을 선물합니다.

(2) 每天早上，他总是第一个来学校。

Měitiān zǎoshang, tā zǒngshì dì-yī gè lái xuéxiào.

매일 아침, 그는 대부분 제일 먼저 학교에 도착합니다.

(3) 中秋的月亮，总是那么明亮。

Zhōngqiū de yuèliang, zǒngshì nàme míngliàng.

추석 무렵의 달은, 늘 그렇게 밝습니다.

(4) 他总是喜欢穿红色的衣服，蓝色的裤子。

Tā zǒngshì xǐhuan chuān hóngsè de yīfu, lánsè de kùzi.

그는 늘 빨간 색 셔츠와 파란 색 바지를 즐겨 입는다.

· 中秋	고유	Zhōngqiū	추석	
· 月亮	명	yuèliang	달	3
· 明亮	형	míngliàng	밝다	
· 裤子	명	kùzi	바지	3

유형연습

RW 4-3

1

为了	答谢， 让女朋友高兴， 生活	男生送女生巧克力。 必须花光所有的钱! 四处奔波。

2

如果	你没有男朋友， 你不想去的话， 你一个人可以写完的话，	那就	穿着黑衣服去吃炸酱面吧。 不要去了。 自己写吧!

3

男生 因为要考试，明天你 周末你不来的话	必须	花光所有的钱。 早点儿起床。 给我打个电话。

4

情人节，女生 他 他	总是	送男生巧克力。 第一个来学校。 喜欢穿红色的衣服，蓝色的裤子。

연습문제

1 질문에 대답해 보세요.

1. 黑色情人节人们做什么? → ______________________________
2. 你喜欢哪个14日? 为什么? → ______________________________
3. 如果你是女生，12月14日，你想让男朋友做什么? → ______________________________

2 연관성 있는 날짜를 연결하고, 본문의 내용을 생각하며 다시 얘기해보세요.

2月14日	玫瑰花
3月13日	炸酱面
4月14日	巧克力
5月14日	钱
12月14日	好吃的糖

3 밑줄 친 부분의 강세에 주의해서 아래 문장을 읽어보세요.

1. 情人节，女生 总是送 男生 巧克力。
2. 为了 答谢，男生送女生 糖。
3. 男生为了让女朋友高兴，必须花光 所有 的钱!

HSK 연습문제

1번-4번. 내용이 연결되는 문장을 고르시오.

A 当然。我们先坐公共汽车，然后换地铁。

B 我觉得他应该不会去了吧。

C 没办法! 坐船太慢了，还是坐飞机吧。

D 都几点了! 你的书什么时候才能写好啊?

E 他小时候学过，所以现在学起来很快。

예 你知道怎么去哪儿吗? (A)

1. 明天再说吧! 我今天不舒服，什么也不想干。 ( )
2. 机票太贵了，怎么办呢? ( )
3. 他真聪明! 一学就会。 ( )
4. 他感冒很厉害，躺在床上不能动。 ( )

5번-8번. 괄호 안에 가장 알맞은 단어를 A-E 중에서 고르시오.

A 葡萄　B 声音　C 介绍　D 回答　E 突然

예 他说话的 (B) 多好听啊!

5. 这里的 ( ) 也太贵了! 去别的地方买吧.
6. 刚才还好好的，怎么 ( ) 就哭得这么伤心。
7. 我和他是通过 ( ) 认识的。
8. 你是怎么 ( ) 这个问题的?

9번-12번. 주어진 문장의 내용을 참고하여, 질문에 맞는 답을 고르시오.

예 您是来参加今天会议的吗? 您来早了一点儿，现在才八点半。您先进来坐吧。

★ 会议最可能几点开始?

A 8点　B 8点半　C 9点 √

9. 我最近因为要参加考试，一直很忙，没有时间陪父母，所以，这个周末我决定抽出时间陪他们吃吃饭，聊聊天。

★ “我”这个周末

A 参加考试　　B 没时间　　C 去看父母

10. 前天下大雨的时候，我因为没有带雨伞，淋着雨回家，结果感冒了。不过不太严重，洗洗澡，睡一觉，也没吃药，休息了几天自己就好了。

★ 我的感冒 ：

A 不严重　　B 不能吃药　　C 好得很慢

11. 刚开始学汉语的时候，我觉得汉语的听力和发音很难。但是，后来我认识了几个中国朋友，下课后经常和他们聊天，所以现在听力和发音都挺好的。

★ 现在我的听力

A 不太好　　B 比以前好　　C 刚开始学

12. 我每天早上8点上班，所以，经常是早饭不吃就出门了。最近，总是感觉胃不舒服，去医院一检查才发现是胃病。看来，以后不管有多忙都要吃了早饭再去上班。

★ 他为什么不吃早饭?

A 胃不舒服　　B 上班很早　　C 要去医院

13번-16번. 주어진 단어들을 어법에 맞게 배열하여 완전한 문장을 만드시오.

예 例如：小船　上　一　河　条　有

河上有一条小船。

13. 黑衣服　吃　穿着　去　炸酱面　一个人

____

14. 恋人　圣诞节　玫瑰花　送给　的时候　要

____

15. 山上　跑　动物们　到　去了

____

16. 书店　　以后　　放学　　经常　我　　去　　逛逛

____

17번-20번. 문장의 내용과 발음기호를 참조하여 괄호 안에 정확한 한자를 써 넣으시오.

예　没 (guān) 系，别难过，高兴点儿。

17. 他不 (yuàn) 意参加我们的活动。

18. 这次的 (huì) 议对我来说非常重要。

19. 他父母的身体都很 (jiàn) 康。

20. 周末的时候我一般在家休 (xi)。

낭독하기

◎ 띄어 읽기에 주의하여 본문을 낭독해 보세요.

韩国年轻人/真的喜欢/14日!

2月14日，情人节，女生/总是送男生/巧克力；3月14日，白色情人节，为了答谢，男生/送女生巧克力；4月14日，黑色情人节，如果/你没有男朋友(女朋友)，那/就穿着黑衣服/去吃炸酱面吧!

5月14日，送恋人/一束玫瑰花；6月14日，kiss day，你当然知道/该做什么了……

12月14日，一年中/最后一个14日了，男生/必须要为女朋友/花光所有的钱!

행동과제

아래에 나열한 중국의 명절이나 기념일에 대해서 들어보셨나요? 이들 외에 어떤 다른 명절이나 기념일을 알고 있나요?

春节　中秋节　重阳节　端午节　情人节　圣诞节　愚人节
五一劳动节　三八妇女节　五四青年节　六一儿童节

第5课　韩流来了!

Hánliú lái le!

제 5 과　한류가 왔다!

핵 심 어 법

1. 不但 A, 而且 B
2. 一边 A, 一边 B
3. 부사 特别
4. 부사 其实

第5课 韩流来了！

Hánliú lái le!

课 文

RW 5-1

没想到吧——少女时代、RAIN、东方神起……这些韩国明星在中国都有特别多的"粉丝"！

其实，中国一些年轻人，甚至中老年人，不但喜欢看韩国电视剧、听韩国歌，而且开始喜爱韩国的商品，如化妆品、衣服、蛋糕店、汽车和玩具等等。烤肉、泡菜也上了中国人的餐桌。

我现在来韩国留学了，我想一边学习，一边"追星"，一定要亲眼看看那些心中的偶像！

Méi xiǎngdào ba——Shàonǚ Shídài、RAIN、Dōngfāng Shénqǐ…zhèxiē Hánguó míngxīng zài Zhōngguó dōu yǒu tèbié duō de "fěnsī"!

Qíshí, Zhōngguó yìxiē niánqīng rén, shènzhì zhōng-lǎonián rén, búdàn xǐhuan kàn Hánguó diànshìjù、tīng Hánguó gē, érqiě kāishǐ xǐ'ài Hánguó de shāngpǐn, rú huàzhuāngpǐn、yīfu、dàngāo diàn、qìchē hé wánjù děngděng. Kǎoròu、pàocài yě shàngle Zhōngguórén de cānzhuō.

Wǒ xiànzài lái Hánguó liúxué le, wǒ xiǎng yìbiān xuéxí, yìbiān "zhuī xīng", yídìng yào qīnyǎn kànkan nàxiē xīn zhōng de ǒuxiàng!

새 단어

RW 5-2

1	少女时代	고유	Shàonǚ Shídài	소녀시대(가수 그룹의 이름)	
2	东方神起	고유	Dōngfāng Shénqǐ	동방신기(가수 그룹의 이름)	
3	"粉丝"	명	fěnsī	팬	
4	甚至	부	shènzhì	심지어	4
5	电视剧	명	diànshìjù	TV 연속극	4
6	不但…而且…	접	búdàn…érqiě…	~뿐만 아니라, ~하기도 하다.	4
7	喜爱	동	xǐ'ài	좋아하다, 선호하다	
8	化妆品	명	huàzhuāngpǐn	화장품	6
9	玩具	명	wánjù	완구, 장난감	5
10	烤肉	명	kǎoròu	갈비	
11	泡菜	명	pàocài	김치	
12	餐桌	명	cānzhuō	식탁	5
13	追星		zhuī xīng	유명 연예인을 따라다니며 팬 활동을 하다	
14	亲眼	부	qīnyǎn	(두 눈으로) 직접	5
15	偶像	명	ǒuxiàng	우상	

어법해설

1. 不但 A, 而且 B

'A뿐만 아니라, B하기도 하다'의 뜻으로, 말하고자 하는 범위가 A에서 더 나아가 B 로 확장됨을 나타냅니다. A와 B에는 명사성 어구나 개사구도 사용될 수 있습니다.

(1) (很多中国人) 不但喜欢看韩国电视剧、听韩国歌，而且开始喜爱韩国的商品。

(Hěn duō Zhōngguórén) búdàn xǐhuan kàn Hánguó diànshìjù、tīng Hánguó gē，érqiě kāishǐ xǐ'ài Hánguó de shāngpǐn.

(많은 중국인들이) 한국의 TV연속극을 즐겨 보고, 한국가요를 즐겨 들을 뿐만 아니라, 한국의 상품을 선호하기 시작했습니다.

(2) 这个女孩不但很漂亮，而且学习非常好。

Zhè gè nǚhái búdàn hěn piàoliang，érqiě xuéxí fēicháng hǎo.

이 여자아이는 예쁠 뿐만 아니라, 공부도 아주 잘 한다.

(3) 他不但去过很多次中国，而且还认识了很多中国朋友。

Tā búdàn qùguò hěn duō cì Zhōngguó，érqiě hái rènshile hěn duō Zhōngguó péngyou.

그는 중국에 여러 번 가 봤을 뿐만 아니라, 중국 친구도 많이 알고 있다.

2. 一边 A, 一边 B

'한편으로는 A하고, 한편으로는 B한다'는 뜻으로 두 가지 동작이 동시에 진행됨을 나타내는 부사입니다. 동사 앞에만 쓰입니다.

(1) 我想一边学习，一边"追星"。

Wǒ xiǎng yìbiān xuéxí，yìbiān "zhuī xīng".

나는 공부도 하면서, 팬 활동도 하고 싶다.

(2) 我们一边吃饭，一边聊天。

Wǒmen yìbiān chīfàn, yìbiān liáotiān.

우리는 밥을 먹으면서 이야기도 나누었다.

(3) 小王决定一边工作，一边准备考试。

Xiǎo Wáng juédìng yìbiān gōngzuò, yìbiān zhǔnbèi kǎoshì.

샤오왕은 일도 하면서, 시험준비도 하기로 결정하였다.

3. 特别

'매우, 아주'의 뜻을 가진 정도부사로서, 그 정도가 매우 심함을 나타냅니다. 형용사나 동사구를 수식합니다.

(1) 这些韩国明星在中国都有特别多的"粉丝"!

Zhèxiē Hánguó míngxīng zài Zhōngguó dōu yǒu tèbié duō de "fěnsī"!

이들 한국의 유명스타들은 중국에도 매우 많은 팬들이 있다.

(2) 我有一个特别好的朋友。

Wǒ yǒu yí gè tèbié hǎo de péngyou.

나는 아주 좋은 친구가 하나 있다.

(3) 他的妻子长得特别漂亮。

Tā de qīzi zhǎng de tèbié piàoliang.

그의 아내는 아주 예쁘다.

4. 其实

'실은, 사실은, 사실상' 의 의미를 가지며, 말하고자 하는 상황이 실제적인 상황임을 표현합니다. 복문 안에서 '사실'을 나타내는 문장 혹은 전체 문장의 맨 앞에 쓰입니다.

(1) 其实，中国一些年轻人，甚至中老年人不但喜欢看韩国电视剧、听韩国歌，而且开始喜爱韩国的商品。

Qíshí, Zhōngguó yìxiē niánqīng rén, shènzhì zhōng-lǎonián rén, búdàn xǐhuan kàn Hánguó diànshìjù、tīng Hánguó gē, érqiě kāishǐ xǐ'ài Hánguó de shāngpǐn.

사실은, 중국의 일부 젊은이들, 심지어 중, 노년층은 한국 TV연속극을 즐겨 보고, 한국 가요를 즐겨 들을 뿐만 아니라, 한국의 상품을 선호하기 시작했다.

(2) 这些花看起来像真的一样，其实是塑料做的。

Zhèxiē huā kàn qilai xiàng zhēnde yíyàng, qíshí shì sùliào zuò de.

이 꽃들은 보기에는 진짜인 것 같지만, 실은 플라스틱으로 만든 것이다.

(3) 你们只知道他会说汉语，其实他的日语也很好。

Nǐmen zhǐ zhīdào tā huì shuō Hànyǔ, qíshí tā de Rìyǔ yě hěn hǎo.

너희들은 그가 중국어 잘하는 것만 아는데, 사실 그는 일본어도 아주 잘해.

· 像	동	xiàng	~인 것 같다	3
· 一样	형	yíyàng	같다	3
· 塑料	명	sùliào	플라스틱류	4

유형연습

RW 5-3

1

不但	喜欢看韩国电视剧、听韩国歌， 很漂亮， 去过很多次中国，	而且	开始喜爱韩国的商品。 学习非常好。 认识很多中国朋友。

2

一边	学习 吃饭 打工	一边	追星。 看电视。 学习。

3

这些韩国明星在中国都有 他的这本小说写得 我这个学期的学习	特别	多的“粉丝”。 有意思。 忙

4

其实	中国的一些年轻人，不但喜欢看韩国电视剧，听韩国歌， 而且开始喜爱韩国的商品。 他没有那么多钱。 我才是中国人。

연습문제

1 밑줄 친 부분의 강세에 주의하면서, 읽고 암기해 보세요.

1. 这些韩国明星在中国都有 <u>特别</u> 多的“粉丝”!
2. 中国一些年轻人，甚至 <u>中老年人</u>，不但喜欢看韩国 <u>电视剧</u>、听韩国 <u>歌</u>，而且开始喜爱韩国的 <u>商品</u>。
3. 我一定要 <u>亲眼</u> 看看那些心中的 <u>偶像!</u>

2 본문의 내용에 근거하여 문장을 완성하세요.

1. 很多中国人，不但喜欢 ______________，而且开始喜爱__________________。
2. __________________也上了中国人的餐桌。
3. 我想一边____________________，一边_______________________。

3 아래의 단어들을 사용하여 본문의 내용을 다시 말해보세요.

粉丝　　甚至　　不但……而且……　　如　　一边……一边……　　偶像

HSK 연습문제

1번-4번. 내용이 연결되는 문장을 고르시오.

A 怎么还没有到啊! 大概还要多长时间?

B 大概四五十个学生左右。

C 他已经结婚了，还有两个孩子呢!

D 我准备下次再去。

E 当然。我们先坐公共汽车，然后换地铁。

예 你知道怎么去那儿吗? (E)

1. 这个教室可以坐多少个人? ( )
2. 我想给他介绍个女朋友。 ( )
3. 都快开学了，你不去了吗? ( )
4. 司机说不远了，快了! ( )

5번-8번. 괄호 안에 가장 알맞은 단어를 A-E 중에서 고르시오.

A 有点儿　B 快　C 睡觉　D 安静　E 声音

예 她说话的 (E) 多好听啊!

5. 这件事一个人做 ( ) 难。
6. 他每天都是很晚才 ( )。
7. 今天这里为什么这么 ( )?
8. 天马上 ( )要下雨了。

9번-12번. 주어진 문장의 내용을 참고하여 질문에 맞는 답을 고르시오.

예 您是来参加今天会议的吗? 您来早了一点儿，现在才八点半。您先进来坐吧。

★ 会议最可能几点开始?

A 8点　B 8点半　C 9点 √

9. 这个咖啡店每天很早就开门了，很多人在上班之前都来这里买杯咖啡或一个面包。所以，这家店的生意很好。

★ 这家咖啡店：

A 有很多人上班　B 每天卖很多咖啡　C 可以一直开门

10. 我准备这个暑假去中国旅游。我有个朋友住在北京。我想先在朋友家住几天，看看北京的景点，然后一个人去别的城市逛。

★ 我想：

A 一直住在朋友家　　B 现在住在朋友家　　C 暑假去中国旅游

11. 我的电子词典不见了。你看见了吗? 是红色的，和这本书一样大。我买了还不到一个星期呢。你快帮我找找。

★ 我的词典：

A 你看见了　　B 比这本书大　　C 刚买没几天

12. 小王，你刚来公司时间不长。你今天有时间的话，我可以陪你到公司附近看看。这附近有几个很好的饭馆，还有书店和医院。很方便的。

★ 小王：

A 是我的好朋友　　B 是我的同事　　C 是附近公司的人

13번-16번. 주어진 단어들을 어법에 맞게 배열하여 완전한 문장을 만드시오.

예 小船 上 一 河 条 有

河上有一条小船。

13. 明天 去 准备 吃饭 哪个 饭馆

____

14. 终于 完 作业 写 他的 了

____

15. 粉丝 明星 韩国 特别 多的 中国 有 在

____

16. 会议 我的 在 举行 次 家乡 这

____

17번-20번. 문장의 내용과 발음기호를 참조하여 괄호 안에 정확한 한자를 써 넣으시오.

예 没（guān）系，别难过，高兴点儿。

17. 下班后，我一般先去游（yǒng），再回家。

18. 这些字太小，我有点儿看不清（chǔ）。

19. 我的（ài）好是打篮球。

20. 我经常和我的（zhàng）夫一起去旅游。

낭독하기

◎ 띄어 읽기에 주의하여 본문을 낭독해 보세요.

没想到吧/——"少女时代"/、RAIN/、东方神起/……这些韩国明星/在中国/都有特别多的"粉丝"!

其实，中国一些年轻人，甚至中老年人/不但喜欢看韩国电视剧、听韩国歌，而且开始喜爱/韩国的商品，如化妆品、衣服、蛋糕店、汽车、和玩具等等。烤肉、泡菜也上了中国人的餐桌。

我现在/来韩国留学了，我想一边学习，一边"追星"，一定要亲眼看看/那些心中的偶像!

행동과제

좋아하는 유명 스타 그룹의 이름을 중국어로 번역하여 말해 보세요.

第6课 有趣的韩语汉字词

Yǒuqù de Hányǔ Hànzìcí

제 6 과 재미있는 한국의 한자어

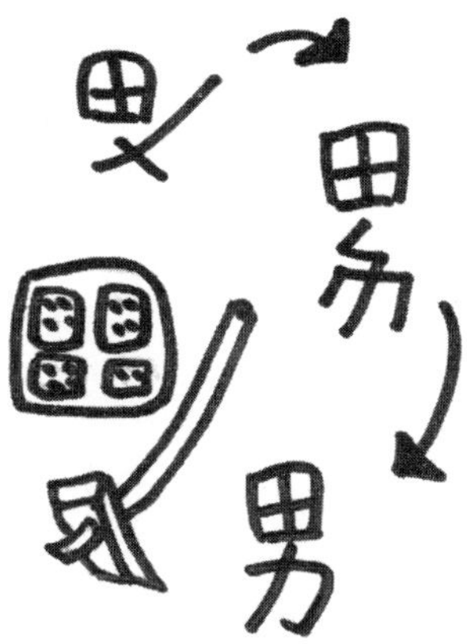

핵심어법

1. “把”자문
2. 형용사 + 极了
3. 부사 千万형

第 6 课　有趣的韩语汉字词

Yǒuqù de Hányǔ Hànzìcí

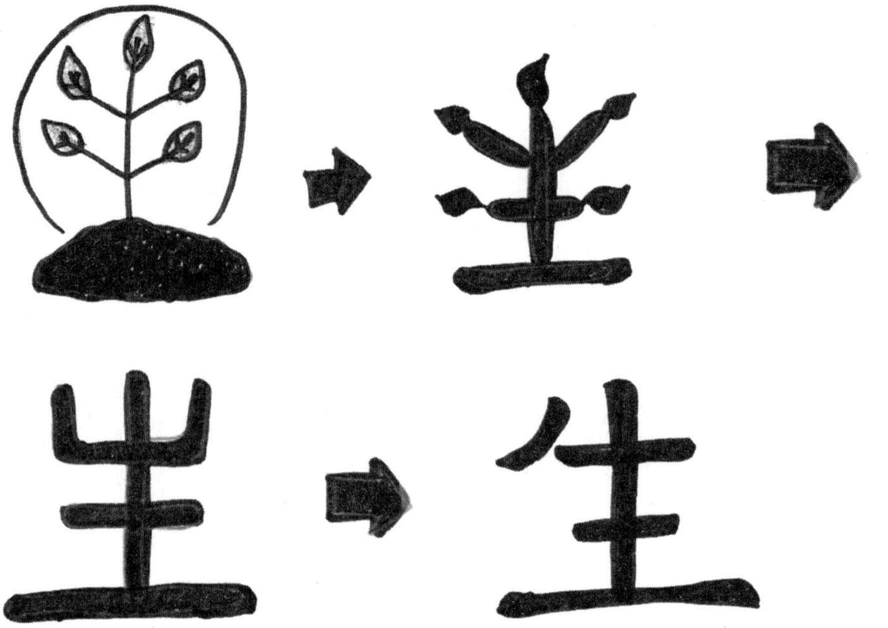

课 文

RW 6-1

韩语中有很多汉字词。它们的发音和意思跟汉语很相似，这让我们学习汉语时，常常觉得方便极了。

但是，这些汉字词很多是古代的，和今天的汉语已经不太一样了。

比如，韩语中把“车站”叫做“역(驿)”，把“停车”叫“주차(驻车)하다”，把“足球”叫“축구(蹴球)”… 。

在大学里，低年级学生常常对高年级学生叫“선배(先辈)”。可是“先辈”在中国一般是对已经去世的老人的尊称，千万不能随便用啊!

Hányǔ zhōng yǒu hěn duō Hànzìcí. Tāmen de fāyīn hé yìsi gēn Hànyǔ hěn xiāngsì, zhè ràng wǒmen xuéxí Hànyǔ shí,chángcháng juéde fāngbiàn jí le.

Dànshì, zhèxiē Hànzìcí hěn duō shì gǔdài de, hé jīntiān de Hànyǔ yǐjīng bú tài yíyàng le.

Bǐrú, Hányǔ zhōng bǎ "chēzhàn" jiàozuò "yì", bǎ "tíng chē" jiào "zhù chē", bǎ "zúqiú" jiào "cùqiú"…

Zài dàxué lǐ, dī niánjí xuésheng chángcháng duì gāo niánjí xuésheng jiào "xiānbèi".Kěshì "xiānbèi" zài Zhōngguó yìbān shì duì yǐjīng qùshì de lǎorén de zūnchēng,qiānwàn bù néng suíbiàn yòng ɑ!

새 단어

RW 6-2

1	韩语	고유	Hányǔ	한국어	
2	相似	형	xiāngsì	비슷하다	5
3	让	개	ràng	~로 하여금 (~하게 하다)	3
4	方便	형	fāngbiàn	편리하다	3
5	极(了)	부	jí(le)	매우 ~하다	3
6	但是	접	dànshì	그렇지만	4
7	古代	명	gǔdài	고대, 아주 옛날	6
8	驿	명	yì	역	
9	驻车	동	zhù chē	주차하다	
10	低(高)年级		dī(gāo)niánjí	저(고)학년	3
11	先辈	명	xiānbèi	선인, 조상	
12	去世	동	qùshì	죽다, 돌아가시다	5
13	尊称	명	zūnchēng	존칭	
14	千万	부	qiānwàn	절대로	4
15	随便	형	suíbiàn	편리하다	4

어법해설

1. "把" 字句

"把"字句란 일반적인 문장에서는 동사의 뒤에 놓이는 목적어를, 전치사 "把"의 목적어로 하여 전치사구의 형태로 동사의 앞에 두고, 이 전치사구가 동사에 대해 부사어의 역할을 하는 구조를 말합니다. "把"의 목적어는 화자와 청자가 모두 아는 것이어야 하며, 동사는 반드시 부가성분이 붙어서 목적어를 어떤 식으로 처치하였다는 의미를 나타내어야 합니다.

(1) 韩语中把"车站"叫做"驿"，把"停车"叫"驻车"，把"足球"叫"蹴球"。
Hányǔ zhōng bǎ "chēzhàn" jiàozuò "yì", bǎ"tíng chē" jiào "zhù chē", bǎ "zúqiú" jiào "cùqiú".
한국어에서는 "车站"을 "역"이라고 하고, "停车"를 "주차"하고 하며, "足球" 를 "축구" 라고 한다.

(2) 我们把定居在外国的中国公民叫做"华侨"。
Wǒmen bǎ dìngjū zài wàiguó de Zhōngguó gōngmín jiàozuò "huáqiáo".
우리는 외국에 정착하여 사는 중국 국민을 "화교"라고 부른다.

(3) 我要把这本小说翻译成汉语。
Wǒ yào bǎ zhè běn xiǎoshuō fānyì chéng Hànyǔ.
우리는 이 소설들을 중국어로 번역하였다.

(4) 你能不能把我的书包拿过来?
Nǐ néng bu néng bǎ wǒ de shūbāo ná guolai?
(너) 내 책가방 좀 가져다 줄 수 있겠니?

단어	품사	병음	뜻	
· 定居	동	dìngjū	정착하다	
· 公民	명	gōngmín	국민, 백성	6
· 华侨	명	huáqiáo	화교	6
· 小说	명	xiǎoshuō	소설	4
· 翻译	동	fānyì	번역하다	4
· 拿	동	ná	(손에) 들다	3

2. 형용사 + 极了

구어체에 사용하며, 일부 형용사에 바로 极了를 붙여, 그 정도가 극한에 이르렀음을 나타냅니다.

(1) 这让我们学习汉语时，常常觉得方便极了。

Zhè ràng wǒmen xuéxí Hànyǔ shí，chángcháng juéde fāngbiàn jí le.

이것은 우리가 중국어를 공부할 때, 종종 편리하다고 느끼게 한다.

(2) 这个电影好看极了。

Zhè gè diànyǐng hǎokàn jí le.

이 영화는 정말 재미있다.

(3) 他的汉语说得真是好极了。

Tā de Hànyǔ shuō de zhēn shì hǎo jí le.

그는 중국어를 정말 잘한다.

(4) 有了手机以后，我们的生活方便极了。

Yǒule shǒujī yǐhòu，wǒmen de shēnghuó fāngbiàn jí le.

핸드폰이 생긴 이후로, 우리의 생활은 정말 편리해졌다.

3. 千万

'절대로, 반드시'의 뜻을 가진 부사로, 매우 간곡하게 신신당부하는 어조의 문장에 쓰입니다.

(1) 千万不能随便用啊……

Qiānwàn bù néng suíbiàn yòng ɑ!

절대로 함부로 사용해서는 안 된다.

(2) 千万不要拿他的东西。

Qiānwàn bú yào ná tā de dōngxi.

절대로 그의 물건을 가져와서는 안 된다.

(3) 他是骗子，千万不要相信他说的话。

Tā shì piànzi, qiānwàn bú yào xiāngxìn tā shuō de huà.

그는 사기꾼이니, 절대로 그가 하는 말을 믿어서는 안 된다.

(4) 千万记得这件事不能告诉别人。

Qiānwàn jìde zhè jiàn shì bù néng gàosu biérén.

이 일은 남들에게 얘기해서는 안 된다는 것을 반드시 명심해야 한다.

· 骗子	명	piànzi	사기꾼	4
· 相信	동	xiāngxìn	믿다	3
· 记得	동	jìde	기억하다, 명심하다	3
· 别人	명	biérén	남, 타인	3

유형연습

RW 6-3

1

韩语中 我要 你能不能	把	“足球”叫“蹴球”。 这本小说翻译成汉语。 我的书包拿过来。

2

这让我们学汉语时，常常觉得方便 这个电影好看 他的汉语说得真是好	极了。

3

千万	不能随便用啊。 不要相信他的话。 记得，这件事不能告诉别人。

연습문제

1 관계있는 내용을 이어보세요.

韩国汉字词的发音和意思和汉语很相似。 ·	· 千万不能随便用。
汉字词很多是古代的。 ·	· 对我们学习汉语有帮助。
"先辈"在中国一般是对已经去世的老人的尊称 ·	· 和现代汉语的意思不一样了。

2 밑줄 친 부분이 대답의 핵심이 되도록 의문문을 만들어 보세요.

1. 韩语中把汉语的"车站"叫做 "<u>역(驿)</u>"。→
2. 韩语中把汉语的"<u>车站</u>" 叫做"역(驿)"。→
3. 低年级学生常常对高年级学生叫 "<u>선배(先辈)</u>"。→

3 아래의 단어들을 사용하여 본문의 내용을 다시 말해 보세요.

相似　　方便　　古代　　千万　　随便

H S K 연 습 문 제

1번-4번. 내용이 연결되는 문장을 고르시오.

A 他还有好多作业要写呢。

B 那晚上下课以后再去吧。

C 大概10分钟就可以到。

D 我上大学的时候去过两个月。

E　当然。我们先坐公共汽车，然后换地铁。

예 你知道怎么去那儿吗？ (E)

1. 你去中国留学过吗？ (   )
2. 我现在没有时间。 (   )
3. 没关系！写完以后再看也可以。 (   )
4. 这儿离你们学校不远。 (   )

5번-8번. 괄호 안에 가장 알맞은 단어를 A-E 중에서 고르시오.

A 照顾　B 除了　C 担心　D 胖　E 声音

예 她说话的 (E) 多好听啊！

5. 我不在家的时候，一直是姐姐 (   ) 我的孩子。
6. 最近她好像 (   ) 了很多。
7. 我们班 (   ) 他，都有手机。
8. 他两次都没有通过这个考试，所以我们很 (   ) 他。

9번-12번. 주어진 문장의 내용을 참고하여, 질문에 맞는 답을 고르시오.

예 您是来参加今天会议的吗？您来早了一点儿，现在才八点半。您先进来坐吧。

★ 会议最可能几点开始？

A 8点　B 8点半　C 9点 √

9. 今天是周末，晚上有好看的电视节目。我想早点儿下班回家，洗个澡，休息休息，然后和家人一起看电视。

★ 今天我想：

A 一个人在家　B 在家看电视　C 早点儿洗澡

10. 昨天我来上班的时候，把伞忘在公共汽车上了，晚上下班的时候又下雨了。我的同事在公司放了两把伞，所以我是借了他的伞回家的。

★ 我怎么回家的?

A 借伞回家的　　B 忘了坐公共汽车　　C 和同事一起回家

11. 明天我家要来客人，妈妈让我去买一些葡萄和香蕉。我到了超市发现没有带钱，就打电话给妈妈，妈妈说，明天她去超市的时候自己买。

★ 谁买水果?

A 我　　B 妈妈　　C 客人

12. 我的朋友8月5号要来北京看我。我准备5号一早去飞机场接他，但是，今天公司让我5号去上海出差两天，所以我发了电子邮件给朋友，希望他在我回北京以后再来。

★ 我希望朋友什么时候来?

A 5号　　B 4号　　C 7号

13번-16번. 주어진 단어들을 어법에 맞게 배열하여 완전한 문장을 만드시오.

예 小船　上　一　河　条　有

河上有一条小船。

13. 中国　去　看看　想　我

____

14. 发音　相似　汉语　有　中　很多　和　韩语　汉字词

____

15. 不能　啊　用　随便　千万　乱

____

16. 公园　周末　每个　我　骑自行车　去

____

17번-20번. 문장의 내용과 발음기호를 참조하여 괄호 안에 정확한 한자를 써 넣으시오.

예 没（ guān ）系，别难过，高兴点儿。

17. 你家（ fù ）近有没有公共汽车站?

18. 我每天早上吃两个鸡（ dàn ）喝一杯牛奶。

19. 非常欢（ yíng ）您到北京来。

20. 周末我想去那个公（ yuán ）。

낭독하기

◎ 띄어 읽기에 주의하여 본문을 낭독해 보세요.

韩语中/有很多汉字词。它们的发音/和意思/跟汉语很相似，这让我们/学习汉语时，常常觉得/方便极了。

但是，这些汉字词/很多是古代的，和今天的汉语/已经不太一样了。比如，韩语中把“车站”叫“驿”，把“停车”叫“驻车”，把“足球”叫“蹴球”……

在大学里，低年级学生/常常对高年级学生叫“先辈”。可是/“先辈”在中国/一般是对已经去世的老人的尊称，千万不能/随便用啊!

행동과제

아래에 설명한 중국어와 한국 한자어의 서로 다른 쓰임새를 생각해 보고, 중국어와 한국 한자어에서 서로 다르게 쓰이는 예를 3개 이상 찾아서 설명해 보세요.

"电视台"는 한국어로 "방송국(放送局)"이라고 하고,
"红绿灯"은 한국어로 "신호등(信号灯)"이라고 하며,
"闯红灯"은 "신호위반(信号违反)"이라고 한다.

第7课 "北漂"漂啊漂……

"Běipiāo" piāo a piāo …

제 7 과 "베이징 떠돌이" 떠돌고 또 떠돌다…

天 安 门

핵심어법

1. 又 와 再
2. 多(么) + 형용사
3. 동사1 + 来 + 동사2 + 去
4. 越A 越B(越来越)

第 7 课 “北漂”漂啊漂……

“Běipiāo” piāo a piāo …

课文

RW 7-1

“北漂” 是一个这几年才出现的新词。在中国有很多年轻人，他们大学毕业后，在北京找工作。可是因为很难找到稳定的工作和住所，常常搬来搬去的，给人一种“漂”在水里的感觉，所以就有了这样的名字。

最近，越来越多的外国人和第一代“北漂”的孩子们也开始在北京“漂”了，于是又出现了“洋北漂”和“小北漂”……

找工作，对年轻人来说，多么不容易啊!

"Běipiāo" shì yí gè zhè jǐ nián cái chūxiàn de xīn cí.Zài Zhōngguó yǒu hěn duō niánqīng rén, tāmen dàxué bìyè hòu, zài Běijīng zhǎo gōngzuò.Kěshì yīnwèi hěn nán zhǎo dào wěndìng de gōngzuò hé zhùsuǒ, chángcháng bān lái bān qù de, gěi rén yì zhǒng "piāo" zài shuǐ lǐ de gǎnjué, suǒyǐ jiù yǒule zhèyàng de míngzì.

Zuìjìn, yuè lái yuè duō de wàiguórén hé dì-yī dài "Běipiāo" de háizi men yě kāishǐ zài Běijīng "piāo" le, yúshì yòu chūxiànle "yáng Běipiāo" hé "xiǎo Běipiāo"…

Zhǎo gōngzuò, duì niánqīng rén láishuō, duōme bù róngyì ɑ!

새 단어

RW 7-2

1	北漂	고유	Běipiāo	베이징 표류족	
2	出现	동	chūxiàn	출현하다, 생겨나다	3
3	年轻(人)	형	niánqīng (rén)	젊다	3
4	毕业	동	bìyè	졸업하다	4
5	可是	접	kěshì	그러나, 그렇지만	4
6	难	형	nán	어렵다	3
7	稳定	형	wěndìng	안정적이다	5
8	常常	부	chángcháng	늘, 언제나	3
9	搬	동	bān	옮기다, 이사하다	3
10	感觉	명	gǎnjué	느낌	4
11	最近	명	zuìjìn	최근	3
12	第一代		dì-yī dài	제1세대	
13	于是	접	yúshì	그리하여, 그래서	4
14	洋北漂	고유	yáng Běipiāo	서양, 외국인 베이징 표류족	
15	容易	형	róngyì	쉽다	3

어법해설

1. “又”和“再”

‘다시, 또’ 라는 의미로서, 동작이 중복되거나 혹은 지속됨을 표현합니다. 再는 아직 발생하지 않았거나, 과거의 일이지만 실현되지 않은 경우에 쓰이고, 又는 이미 발생한 일에 사용되며, 불만의 어기를 동반할 때가 많습니다.

(1) ……于是又出现了“洋北漂”和“小北漂”……

Yúshì yòu chūxiànle “yáng Běipiāo” hé “xiǎo Běipiāo”…

…그리하여 “외국인 베이징 표류족”, “2세대 베이징 표류족”이 또 생겨났다.

(2) 今天又下雨了，我又没带伞。

Jīntiān yòu xiàyǔ le，wǒ yòu méi dài sǎn.

오늘 또 비가 내리네, 난 또 우산을 안 가져 왔구나.

(3) 我们再试一次。

Wǒmen zài shì yí cì.

우리 다시 한 번 해보자.

(4) 你吃得太少了，再吃一点。

Nǐ chī de tài shǎo le，zài chī yidiǎn.

(넌) 너무 적게 먹는다, 좀 더 먹어라.

· 伞	명	sǎn	우산, 양산	3
· 试	동	shì	~해보다, 시도하다	4

2. 多(么) + 형용사

‘얼마나 ~한가’라는 표현으로서, 형용하는 정도가 매우 높음을 나타냅니다. 과장된 어조

혹은 강하게 감정이 이입되었음을 표현합니다.

(1) 找工作，对年轻人来说，多么不容易啊!

Zhǎo gōngzuò, duì niánqīng rén láishuō, duōme bù róngyì ɑ!

취업은 젊은이들에게 얼마나 어려운 일인가!

(2) 今天的天空是多么蓝啊。

Jīntiān de tiānkōng shì duōme lán a.

오늘 하늘은 얼마나 푸르른가!

(3) 他是个多好的孩子啊。

Tā shì gè duō hǎo de háizi a.

그는 얼마나 착한 아이인가!

(4) 我一个人在中国，你知道我有多么孤单啊。

Wǒ yí gè rén zài Zhōngguó, nǐ zhīdào wǒ yǒu duōme gūdān a.

나 혼자 중국에 있으니, (너는 내가) 얼마나 외로운지 알 거야.

· 天空	명	tiānkōng	하늘	5
· 蓝	형	lán	파랗다	3
· 孤单	형	gūdān	외롭다	4

3. 동사1 + 来 + 동사2 + 去

같거나 비슷한 동작이 여러 번 반복됨을 나타낼 때 쓰입니다. 동사1과 동사2는 대부분 같은 동사이며, 때로는 비슷한 뜻을 가진 동사가 쓰여서 관용어처럼 쓰입니다.

(1) 可是因为很难找到稳定的工作和住所，常常搬来搬去的……

Kěshì yīnwèi hěn nán zhǎo dào wěndìng de gōngzuò hé zhùsuǒ, chángcháng bān lái bān qù de…

그러나 안정된 직업과 숙소를 찾는다는 것이 매우 어려워, 늘 이리저리 옮겨 다닌다.

(2) 他走来走去，看起来很着急。

Tā zǒu lái zǒu qù，kàn qilai hěn zháojí.

그는 이리저리 왔다갔다, 매우 초조해 보인다.

(3) 我小时候，爸爸工作很忙，总是飞来飞去。

Wǒ xiǎo shíhou，bàba gōngzuò hěn máng，zǒngshì fēi lái fēi qù.

내가 어렸을 때, 아버지는 일이 아주 바빠서, 늘 이리저리 바쁘게 다니셨다.

(4) 明天要考试，我翻来覆去睡不着。

Míngtiān yào kǎoshì，wǒ fān lái fù qù shuì bu zháo.

내일 시험을 봐야 해서, 나는 엎치락뒤치락 잠이 오지 않는다.

· 看起来		kàn qilai	보아하니, ~처럼 보인다
· 翻来覆去	성	fānlái-fùqù	엎치락뒤치락

4. 越 A，越 B(越来越)

정도가 점점 심해짐을 나타낼 때 사용합니다. 越 A, 越 B 는 'A할수록 B하다' 로 인과관계를 표시하고, 越来越 A는 단순히 '점점 ~하다'의 뜻을 나타냅니다.

(1) 越来越多的外国人和第一代"北漂"的孩子们也开始在北京"漂"了。

Yuè lái yuè duō de wàiguórén hé dì-yī dài "Běipiāo"de háizi men yě kāishǐ zài Běijīng "piāo"le.

점점 더 많은 외국인과 1세대 "베이징 표류족"의 자녀들도 베이징에서 "표류하기" 시작했습니다.

(2) 老师说我的汉语越来越好了。

Lǎoshī shuō wǒ de Hànyǔ yuè lái yuè hǎo le.

선생님은 내 중국어가 점점 더 좋아진다고 말씀하셨다.

(3) 她越来越漂亮了。

Tā yuè lái yuè piàoliang le.

그녀는 점점 더 예뻐진다.

(4) 天气越来越凉了，多注意身体。

Tiānqì yuè lái yuè liáng le，duō zhùyì shēntǐ.
날씨가 점점 추워지니, 건강에 많이 주의해라.

· 凉	형	liáng	차갑다, 춥다	4
· 注意	동	zhùyì	조심하다, 주의하다	3

유형연습

RW 7-3

1

……于是 今天 我	又	出现了"洋北漂"和"小北漂"。 下雨了。 没带伞。

2

我们 你吃得太少了， 我想	再	试一次。 吃一点。 抱抱你。

3

找工作，对年轻人来说， 今天的天空是 他是个	多(么)	不容易啊。 蓝啊。 好的孩子啊。

4

常常 他 我小时候，爸爸工作很忙，总是	搬 走 飞	来	搬 走 飞	去	的。 ，看起来很着急。 。

5

老师说我的汉语 天气	越来越	多的外国人和第一代“北漂”的孩子们也开始在北京“漂”了。 好了。 凉了，多注意身体。

연습문제

1 주어진 단어와 어울리는 말을 빈 칸에 넣어보세요.

1. 出现______ 2. _____毕业 3. ______人 4. 注意_______ 5. 找_____

2 질문에 완전한 문장으로 답하세요.

1. 很多中国年轻人大学毕业后希望在哪儿找工作?
2. 为什么有了“北漂”这样的名字?
3. 什么是“洋北漂”?
4. 什么是“小北漂”?

3 밑줄 친 부분의 서로 다른 강세의 위치에 주의하면서, 아래 문장을 읽어보세요.

1. “北漂”是一个这儿年才出现的新词。
2. “北漂”是一个这儿年才出现的新词。
3. “北漂”是一个这儿年才出现的新词。
4. 找工作，年轻人来说，多么不容易啊。
5. 找工作，年轻人来说，多么不容易啊。
6. 找工作，年轻人来说，多么不容易啊。

HSK 연습문제

1번-4번. 내용이 연결되는 문장을 고르시오.

A 老师在黑板上写的字，我看不清楚!

B 她的汉语说得越来越好了。

C　现在天阴了，一会儿就要下雨了。

D　什么也没说，不过看起来很着急的样子。

E　当然。我们先坐公共汽车，然后换地铁。

예　你知道怎么去那儿吗?　　(E)

1. 怎么办? 我又忘带雨伞了。　　(　　)
2. 刚才那个来找我的人说什么了吗?　　(　　)
3. 你应该换眼镜了。　　(　　)
4. 你觉得她的汉语怎么样?　　(　　)

5번-8번. 괄호 안에 가장 알맞은 단어를 A-F 중에서 고르시오.

A 希望　　B 结婚　　C 还　　D 干净　　E 声音

예　她说话的声音 (E) 多好听啊。

5. 我的宿舍很 (　　)。
6. 女朋友笑着说，(　　) 明天是个晴天。
7. 这本书我明天 (　　) 你。
8. 我不知道他已经 (　　) 了。

9번-12번. 주어진 문장의 내용을 참고하여, 질문에 맞는 답을 고르시오.

예　您是来参加今天会议的吗? 您来早了一点儿，现在才八点半。您先进来坐吧。

★ 会议最可能几点开始?

A 8点　　B 8点半　　C 9点 √

9. 每个周末我都回家。可是这星期我的朋友过生日，朋友们要一起给她庆祝一下，所以可能回不去了。

★ 这个周末：

A 我要回家　　B 我不能回家　　C 我要过生日

10. 我明年就大学毕业了。爸爸想让我出国留学，妈妈不希望我离开家，我还没想好是找工作还是继续学习。

★ 根据这段话，可以知道：

A 我已经毕业了　　B 我现在在找工作　　C 我不知道要干什么

11. 我每天早上6点起床，7点出门，先坐公共汽车，再换地铁，最后坐校车去学校，需要1个多小时。

★ 我每天：

A 7点出发　　B 7点起床　　C 6点出发

12. 最近我太忙了，等我有时间了，我们一起出去坐坐，聊聊天，吃顿饭吧。

★ 我：

A 现在有时间　　B 现在想出去玩　　C 以后一起吃饭

13번-16번. 주어진 단어들을 어법에 맞게 배열하여 완전한 문장을 만드시오.

예 小船　上　一　河　条　有

河上有一条小船。

13. 说　你　一次　再

____

14. 带　忘记　他　书　了

____

15. 凉　天气　越来越　了

____

16. 知道　我　你　有　孤单　多么　啊

____

17번-20번. 문장의 내용과 발음기호를 참조하여 괄호 안에 정확한 한자를 써 넣으시오.

예 没（guān 关）系，别难过，高兴点儿。

17. 过（qù　）的事就忘了吧。

18. 我今年换了一本新护（zhào　）。

19. 我很喜欢中国的国宝大（xióng　）猫，每次去动物园都要去看看。

20. 我家附近有（yín　）行、饭店、超市，很方便。

낭독하기

◎ 띄어 읽기에 주의하여 본문을 낭독해 보세요.

"北漂" /是一个/这几年才出现的新词。在中国/有很多年轻人，他们/大学毕业后，在北京/找工作。可是因为/很难找到/稳定的工作和住所，常常/搬来搬去的，给人一种/"漂"在水里的感觉，所以/就有了这样的名字。

最近，越来越多的外国人/和第一代"北漂"的孩子们/也开始在北京"漂"了，于是/又出现了"洋北漂"/和"小北漂"……

找工作，年轻人来说，多么不容易啊!

행 동 과 제

아래 단어들은 중국의 젊은이들이 좋아하는 인터넷 유행어들입니다. 먼저 무슨 뜻인지 추측해보세요. 그리고 나서 다시 중국 친구에게 무슨 뜻인지 물어보세요.

偶、小强、晕、拍砖、MM、PK、BF、GF、青蛙、恐龙、东东
神马都是浮云、7456、9494、5555、3X、灰常灰常

第8课　逛超市 看韩国

Guàng chāoshì kàn Hánguó

제 8 과　쇼핑을 하며 한국을 보다

핵 심 어 법

1. 或者
2. 然后
3. 当然
4. 삽입어

第 8 课　逛超市 看韩国

Guàng chāoshì kàn Hánguó

课文

RW 8-1

我买东西最喜欢去大超市，那里东西多，还不用多说话－－我的韩语不太好啊……

我发现韩国超市大概半个小时就放一次广告歌，然后，服务员们就会跟着歌拍手或者鞠躬，欢迎顾客们。

超市里很多食品都可以免费试吃。还有专门的小吃区，可以吃午饭晚饭。

对了，很多来过韩国的人都给我推荐香蕉牛奶，那当然很好喝，最近我又发现了一种栗子牛奶，味道也非常好呢!

Wǒ mǎi dōngxi zuì xǐhuan qù dà chāoshì, nàli dōngxi duō, hái bú yòng duō shuōhuà ——wǒ de Hányǔ bú tài hǎo a…

Wǒ fāxiàn Hánguó chāoshì dàgài bàn gè xiǎoshí jiù fàng yí cì guǎnggào gē, ránhòu, fúwùyuánmen jiù huì gēnzhe gē pāishǒu huòzhě jūgōng, huānyíng gùkèmen.

Chāoshì lǐ hěn duō shípǐn dōu kěyǐ miǎnfèi shì chī.Háiyǒu zhuānmén de xiǎochī qū, kěyǐ chī wǔfàn wǎnfàn.

Duì le, hěn duō láiguo Hánguo de rén dōu gěi wǒ tuījiàn xiāngjiāo niúnǎi, nà dāngrán hěn hǎohē, zuìjìn wǒ yòu fāxiànle yì zhǒng lìzi niúnǎi, wèidào yě fēicháng hǎo ne!

새 단어

RW 8-2

1	超市	명	chāoshì	마트, 수퍼마켓	3
2	不用	조동	bú yòng	~할 필요없다	3
3	发现	동	fāxiàn	발견하다, 알아채다	3
4	放	동	fàng	놓다, (음악을) 틀다	3
5	广告	명	guǎnggào	광고	4
6	拍	동	pāi	두드리다, (박수를) 치다	5
7	鞠躬	동	jūgōng	(허리를 숙여)인사하다, 절하다	6
8	顾客	명	gùkè	손님, 고객	4
9	食品	명	shípǐn	식품, 먹을 것	4
10	免费		miǎnfèi	공짜, 공짜로	4
11	专门	형	zhuānmén	전문의, 전용의	4
12	小吃(区)	명	xiǎochī(qū)	간식, 분식(코너)	5
13	栗子	명	lìzi	밤	
14	味道	명	wèidào	맛, 냄새	4

어법해설

1. 或者

‘또는, 혹은’이라는 뜻으로, 양자택일을 나타냅니다. 한 번만 사용할 때도 있고, “或者A, 或者B” 처럼 두 번 연속으로 사용하기도 하며, 전체 문장은 평서문입니다.

(1) 服务员们就会跟着歌拍手或者鞠躬，欢迎顾客们。

Fúwùyuánmen jiù huì gēnzhe gē pāishǒu huòzhě jūgōng，huānyíng gùkèmen.

직원들은 노래에 맞춰 박수를 치거나 허리 숙여 인사를 하며, 고객들을 환영합니다.

(2) 明年我想去美国或者中国。

Míngnián wǒ xiǎng qù Měiguó huòzhě Zhōngguó.

내년에 나는 미국이나 중국에 가고 싶다.

(3) 或者你来，或者我去，都行。

Huòzhě nǐ lái,huòzhě wǒ qù,dōu xíng.

네가 오든지, 내가 가든지, 다 좋다.

\# **주의** : 还是도 양자택일의 선택에 쓰이지만, 의문문 형태에 쓰입니다.

(1) 你同意还是不同意?

Nǐ tóngyì háishì bù tóngyì?

너는 동의하니 아니면 동의하지 않니?

(2) 你想买香蕉牛奶还是栗子牛奶?

Nǐ xiǎng mǎi xiāngjiāo niúnǎi háishì lìzi niúnǎi?

너는 바나나 우유를 먹고 싶니 아니면 밤 우유를 먹고 싶니?

(3) 午饭我们在超市吃还是回宿舍吃?

Wǔfàn wǒmen zài chāoshì chī háishì huí sùshè chī?

점심에 우리 마트에서 먹을래 아니면 기숙사에 돌아가서 먹을래?

· 美国	고유	Měiguó	미국	
· 行	형	xíng	좋다, 가능하다	4
· 同意	동	tóngyì	동의하다	3
· 宿舍	명	sùshè	기숙사, 숙소	5

2. 然后

"그런 다음에"의 뜻을 가진 연결사입니다. 종종 앞 문장에는 "先，首先" 등의 말을 쓰고, 뒷 문장에는 "再，又，还" 등을 쓰기도 합니다.

(1) ……，然后，服务员们就会跟着歌拍手或者鞠躬，欢迎顾客们。

…,Ránhòu，fúwùyuánmen jiù huì gēnzhe gē pāishǒu huòzhě jūgōng，huānyíng gùkèmen.

그런 다음에, 직원들은 노래에 맞춰 손뼉을 치거나 허리 숙여 인사하면서, 고객들을 환영합니다.

(2) 先学习新单词，然后再学习课文。

Xiān xuéxí xīn dāncí，ránhòu zài xuéxí kèwén.

먼저 새 단어를 공부하고, 그 다음에 본문을 공부합니다.

(3) 今天下午，他先去超市买了香蕉，然后又去书店买了书。

Jīntiān xiàwǔ，tā xiān qù chāoshì mǎile xiāngjiāo，ránhòu yòu qù shūdiàn mǎile shū.

오늘 오후에, 그는 먼저 마트에 가서 바나나를 산 다음, 서점에 가서 책을 샀다.

(4) 每天放学回家后，我都是先吃饭，然后再写作业。

Měitiān fàngxué huí jiā hòu，wǒ dōu shì xiān chīfàn，ránhòu zài xiě zuòyè.

매일 하교해서 집으로 돌아온 후, 나는 항상 먼저 밥을 먹고, 그 다음에 숙제를 한다.

· 单词	명	dāncí	단어	
· 放学	동	fàngxué	하교하다	
· 作业	명	zuòyè	숙제	3

3. 当然

"당연히".

(1) 很多来过韩国的人都给我推荐香蕉牛奶，那当然很好喝。

Hěn duō láiguo Hánguó de rén dōu gěi wǒ tuījiàn xiāngjiāo niúnǎi，nà dāngrán hěn hǎohē.

한국에 와본 많은 사람들이 내게 바나나 우유를 먹어보라고 추천했는데, 그건 물론 아주 맛있다.

(2) 我们当然会等你的。

Wǒmen dāngrán huì děng nǐ de.

우리는 물론 너를 기다릴 것이다.

(3) 不练习当然学不会。

Bú liànxí dāngrán xué bu huì.

연습하지 않으면 당연히 배워도 (배운 것을) 할 줄 모른다.

(4) 苹果刚洗过，当然很干净。

Píngguǒ gāng xǐguo，dāngrán hěn gānjìng.

사과는 방금 씻은 거라서, 당연히 깨끗하다.

· 练习	동	liànxí	연습하다	3
· 刚	부	gāng	방금 전에	4
· 干净	형	gānjìng	깨끗하다	3

4. 삽입어

삽입어는 문장 중에서 부가적인 해설이나 설명 혹은 종결의 역할을 하기도 하고, 말하는 사람의 태도나 관점을 표시하기도 하며, 강조의 의미를 나타내거나, 상대방의 주의를 끌기 위해 사용되기도 합니다. 삽입어를 빼버려도 남은 문장은 완전한 문장을 이룹니다.

(1) 对了，很多来过韩国的人都给我推荐香蕉牛奶。

Duì le, hěn duō láiguo Hánguó de rén dōu gěi wǒ tuījiàn xiāngjiāo niúnǎi.

아 참! 한국에 와 본 많은 사람들이 나에게 바나나 우유를 추천하였다.

(2) 明天是不是要下雨，说实话，我也不知道。

Míngtiān shì bu shì yào xiàyǔ, shuō shíhuà, wǒ yě bù zhīdào.

내일 비가 올지 안 올지, 사실, 나도 모른다.

(3) 你不能再等了，就是说，你要立即出发。

Nǐ bù néng zài děng le, jiùshì shuō, nǐ yào lìjí chūfā.

너는 더 기다릴 수가 없다, 다시 말해서, 너는 즉시 출발해야만 한다.

(4) 在我看来，他是个可以信赖的人。

Zài wǒ kànlái, tā shì gè kěyǐ xìnlài de rén.

내가 보기에, 그는 믿을 만한 사람이다.

· 立即	부	lìjí	즉시	5
· 出发	동	chūfā	출발하다	4
· 信赖	동	xìnlài	신뢰하다, 믿다	6

유형연습

RW 8-3

1

服务员们就会跟着歌拍手 明年我想去美国 或者你来	或者	鞠躬，欢迎顾客们。 中国。 我去，都行。

2

你同意 你想买香蕉牛奶 午饭我们在超市吃	还是	不同意? 栗子牛奶? 回宿舍吃?

3

很多来过韩国的人都给我推荐香蕉牛奶，那 我 不练习	当然	很好喝。 会等你的。 学不会。

4

你不能再等了，	对了， 就是说， 在我看来，	很多来过韩国的人都给我推荐香蕉牛奶。 你要立即出发。 他是个可以信赖的人。

연습문제

1 내용이 맞으면 O, 틀리면 X를 써 넣으세요.

(예) 服务员给我推荐香蕉牛奶。 (×)

1. 大超市东西多。 (   )
2. 栗子牛奶味道很好。 (   )
3. 韩国超市里没有小吃区。 (   )
4. 韩国人都喜欢喝香蕉牛奶。 (   )
5. 韩国超市大概半小时就放一次广告歌。 (   )

2 밑줄 친 부분의 서로 다른 강세의 위치에 주의하면서, 다음 문장을 읽어보세요.

1. 我<u>买东西</u>最喜欢去大超市。
2. 我买东西<u>最喜欢</u>去大超市。
3. 我买东西最喜欢去<u>大超市</u>。
4. 我发现<u>韩国超市</u>大概半个小时就放一次广告歌。
5. 我发现韩国超市大概<u>半个小时</u>就放一次广告歌。

3 괄호 안에 적합한 글자를 넣어보세요.

(예) 你喜欢去超 (市) 买东西吗?

1. 我发 (   ) 我最近又胖了。
2. 从我家到学校 (   ) 概需要一个多小时。
3. 我买了很多栗 (   ), 我们一起吃吧。
4. 韩国人经常鞠 (   ), 很有礼貌。

HSK 연습문제

1번-4번. 내용이 연결되는 문장을 고르시오.

A 我看马上要下雨了，明天吧。
B 真对不起，我忘记了。
C 我饿了，有什么吃的吗?
D 我准备明年去中国学习汉语。
E 当然。我们先坐公共汽车，然后换地铁。

예 你知道怎么去那儿吗? (E)

1. 你先吃点饼干吧，我去给你做饭。 (　　)
2. 是吗? 太好了。那明年我们在中国见吧。 (　　)
3. 你决定了吗? 去还是不去? (　　)
4. 对了，上次和你说的事情怎么样了? (　　)

5번-8번. 괄호 안에 가장 알맞은 단어를 A-E 중에서 고르시오.

A 聪明　B 口　C 蛋糕　D 放　E 声音

예 她说话的 (E) 多好听啊。

5. 我和朋友一起去超市。朋友买了水果，我买了 (　　)。
6. 你 (　　) 个音乐听听。
7. 这个孩子很 (　　)。
8. 我们家是个大家庭，有五 (　　) 人。

9번-12번. 주어진 문장의 내용을 참고하여, 질문에 맞는 답을 고르시오.

예 您是来参加今天会议的吗？您来早了一点儿，现在才八点半。您先进来坐吧。

★ 会议最可能几点开始？

A 8点　　B 8点半　　C 9点 √

9. 今天上课，老师的问题只有小王会回答。他去过中国，汉语当然比我们都好。

★ 根据这段话，可以知道：

A 我们的汉语很好　　B 老师只有一个问题　　C 小王的汉语比我们好

10. 很久不见，没想到她已经结婚了，孩子都两岁了。

★ 根据上面的话，我们知道：

A 很久不见孩子　　B 她变化很大　　C 她没想到孩子

11. 我买东西最喜欢去大超市，那里东西多，还很便宜。

★ 大超市：

A 东西便宜　　B 我不喜欢　　C 去的人太多

12. 王老师，您先休息一下。晚上6点我们一起吃晚饭。明天早上9点，我们一起开个会。然后，我带您到附近看看。

★ 王老师现在要做什么？

A 吃饭　　B 开会　　C 休息

13번-16번. 주어진 단어들을 어법에 맞게 배열하여 완전한 문장을 만드시오.

예 小船　上　一　河　条　有

河上有一条小船。

13. 喜欢　这样的　我　首尔　城市　大

____

14. 栗子　又　发现　我　一　种　了　牛奶

____

15. 欢迎　　鞠躬　　服务员　　顾客

____

16. 小王　　很　　的　　头发　　长

____

17번–20번. 문장의 내용과 발음기호를 참조하여 괄호 안에 정확한 한자를 써 넣으시오.

예　没（ 关 guān ）系，别难过，高兴点儿。

17. 我（ xǐ ）欢逛超市。

18. 超市里有免费试吃的（ shí ）品。

19. 我发（ xiàn ）韩国超市有专门的小吃区 。

20. 这张照（ piàn ）你看起来真年轻。

낭 독 하 기

◎ 띄어 읽기에 주의하여 본문을 낭독해 보세요.

我买东西/最喜欢去大超市，那里/东西多，还不用/多说话－－我的韩语不太好啊……

我发现/韩国超市大概半个小时/就放一次广告歌，然后，服务员们/就会跟着歌拍手/或者鞠躬，欢迎顾客们。

超市里/很多食品/都可以免费试吃。还有/专门的小吃区，可以/吃午饭晚饭。

对了，很多来过韩国的人/都给我推荐/香蕉牛奶，那当然很好喝，最近/我又发现了/一种栗子牛奶，味道/也非常好呢!

행동과제

마트에서 물건을 산 영수증을 찾아서, 사온 물건들을 중국어로 쓰고, 암기하세요.

第9课 冬天里的春天

Dōngtiān lǐ de chūntiān

제 9 과 겨울 속의 봄

핵 심 어 법

1. 동사 + 得/不 + 보어
2. 반문 의문문
3. 존현문(存现句)

第9课　冬天里的春天

Dōngtiān lǐ de chūntiān

课 文

RW 9-1

冬天中国哪里最好玩？ 可能有人说，哈尔滨——那里可以看冰灯！ 但是，我推荐你去云南的昆明！ 为什么？ ——在寒冷的冬季，却感受得到春天的阳光，这不是很有意思吗？

昆明又叫“春城”，因为四季都像春天一样，城市里一年都开着鲜花！ 云南有20多个少数民族。在昆明的街上，看着那些漂亮的民族服装，就一定能让你觉得又新鲜又有趣。

还有呢，那些你可能都没见过的热带水果，吃都吃不完呢！

Dōngtiān Zhōngguó nǎli zuì hǎowán? Kěnéng yǒu rén shuō, Hā'ěrbīn—— nàli kěyǐ kàn bīngdēng! Dànshì, wǒ tuījiàn nǐ qù Yúnnán de Kūnmíng! Wèishénme? —— Zài hánlěng de dōngjì, què gǎnshòu de dào chūntiān de yángguāng, zhè bú shì hěn yǒu yìsi ma?

Kūnmíng yòu jiào "Chūnchéng", yīnwèi sìjì dōu xiàng chūntiān yíyàng, chéngshì lǐ yì nián dōu kāizhe xiānhuā! Yúnnán yǒu 20 duō gè shǎoshù mínzú.Zài Kūnmíng de jiē shàng, kànzhe nàxiē piàoliang de mínzú fúzhuāng, jiù yídìng néng ràng nǐ juéde yòu xīnxiān yòu yǒuqù.

Háiyǒu ne, nàxiē nǐ kěnéng dōu méi jiànguo de rèdài shuǐguǒ, chī dōu chī bu wán ne!

새 단어

RW 9-2

1	好玩	형	hǎowán	재미있다	
2	哈尔滨	고유	Hā'ěrbīn	하얼빈	
3	冰灯	명	bīngdēng	얼음등	
4	推荐	동	tuījiàn	추천하다	5
5	云南	고유	Yúnnán	윈난	
6	昆明	고유	Kūnmíng	쿤밍	
7	寒冷	형	hánlěng	한랭하다, 춥고 냉랭하다	
8	感受	동	gǎnshòu	~한 느낌을 받다	5
9	阳光	명	yángguāng	햇빛, 햇볕	4
10	四季	명	sìjì	사계절	
11	城市	명	chéngshì	도시	3
12	鲜花	명	xiānhuā	생화	
13	少数民族	명	shǎoshù mínzú	소수민족	
14	街	명	jiē	길, 길거리	3
15	服装	명	fúzhuāng	복장, 옷	5
16	新鲜	형	xīnxiān	신선하다	3
17	热带	명	rèdài	열대	

어법해설

1. 동사 + 得/不 + 보어

'동사 + 得/不 + 보어' 형태로 동사가 보어 부분으로의 실현이 가능(得)하거나 불가능(不)함을 표현합니다.

(1) 在寒冷的冬季却感受得到春天的阳光。

Zài hánlěng de dōngjì, què gǎnshòu de dào chūntiān de yángguāng.

추운 겨울에 오히려 봄의 햇볕을 느낄 수 있다.

(2) 虽然黑板上的字很小，但是我看得清楚。

Suīrán hēibǎn shàng de zì hěn xiǎo, dànshì wǒ kàn de qīngchǔ.

칠판의 글씨는 아주 작지만, 나는 또렷하게 볼 수 있다.

(3) 这个东西太重了，你搬得动搬不动?

Zhè gè dōngxi tài zhòng le, nǐ bān de dòng bān bu dòng?

이거 너무 무거운데, 너 옮길 수 있겠니(없겠니)?

(4) 你去商店看看吧，也许买得到。

Nǐ qù shāngdiàn kànkan ba, yěxǔ mǎi de dào.

(너) 상점에 가봐, 어쩌면 살 수 있을지도 몰라.

· 黑板	명	hēibǎn	칠판	3
· 清楚	형	qīngchǔ	또렷하다	3
· 重	형	zhòng	무겁다	5

2. 반문 의문문

반문 의문문에는 긍정반문 의문문과 부정반문 의문문이 있습니다. 긍정반문 의문문은 부정의 의미를 나타내고, 부정반문 의문문은 반대로 긍정의 의미를 나타냅니다. "难道，怎么，这么" 등의 반문을 나타내는 단어를 사용한 반문의문문도 있습니다.

(1) 这不是很有意思吗? (부정)

Zhè bú shì hěn yǒu yìsi ma?

이거 재미있지 않니? (부정반문)

(2) 难道我会不知道? (부정)

Nándào wǒ huì bù zhīdào?

설마 내가 모를 리가 있어? (부정반문)

(3) 那怎么是一样的呢? (긍정)

Nà zěnme shì yíyàng de ne?

그게 어째서 같은 것이야? (긍정반문)

(4) 难道英语真的这么难吗? (긍정)

Nándào Yīngyǔ zhēnde zhème nán ma ?

설마 영어가 정말 이렇게도 어려운 걸까? (긍정반문)

· 难道	부	nándào	설마	4
· 英语	고유	Yīngyǔ	영어	

3. 존현문(存现句) : 장소+ 동사+了/着+사람이나 사물

존현문(存现句)은 존재와 출현을 나타내는 문형이라는 뜻입니다. 어떤 장소에 사람이나 물건이 새로이 출현 또는 소실되었거나, 혹은 존재하고 있다는 의미를 표현합니다. 출현이나 소실을 나타낼 때는 동사에 了를 붙여서 쓰고, 존재를 나타낼 때는 동사에 着를 붙입니다. 장소를 나타내는 단어에는 在를 붙이지 않으며, 뒤에 나오는 사람이나 사물은 단독으로 출현하지 않고 수식어가 붙거나 복수로만 쓰입니다.

(1) 我家买了一辆车。

Wǒ jiā mǎile yí liàng chē.

우리 집엔 차를 한 대 샀다.

(2) 楼下来了几个客人。

Lóu xià láile jǐ gè kèrén.

아래층에 손님 몇 명이 왔다.

(3) 桌子上放着几本书。

Zhuōzi shàng fàngzhe jǐ běn shū.

책상 위에 책 몇 권이 놓여 있다.

(4) 墙上挂着两幅水墨画。

Qiáng shàng guàzhe liǎng fú shuǐmòhuà.

벽에 수묵화 두 폭이 걸려 있다.

· 楼下		lóu xià	아래층	
· 墙	명	qiáng	담장, 벽	3
· 挂	동	guà	걸다	4
· 幅	양	fú	폭	5
· 水墨画	명	shuǐmòhuà	수묵화	

4. 又A, 又B

'A하기도 하고, B하기도 하다'의 뜻으로, 몇 가지 동작 혹은 상태나 상황이 동시에 진행되고 있음을 나타냅니다.

(1) 一定能让你觉得又新鲜又有趣。

Yídìng néng ràng nǐ juéde yòu xīnxiān yòu yǒuqù.

분명 당신에게 신선한 느낌과 재미를 느끼게 해 줄 것입니다.

(2) 她又聪明又漂亮。

Tā yòu cōngming yòu piàoliang.

그녀는 똑똑하고 예쁩니다.

(3) 冬天又冷又干燥。

Dōngtiān yòu lěng yòu gānzào.

겨울은 춥고 건조합니다.

(4) 这里的空气又清新又湿润。

Zhèli de kōngqì yòu qīngxīn yòu shīrùn.

이곳의 공기는 쾌적하고 촉촉합니다.

· 聪明	형	cōngming	똑똑하다	3
· 干燥	형	gānzào	건조하다	4
· 空气	명	kōngqì	공기	4
· 清新	형	qīngxīn	(공기가)신선하다	
· 湿润	형	shīrùn	습하다, 축축하다	4

유형연습

RW 9-3

1

在寒冷的冬季却感受		到春天的阳光。
虽然黑板上的字很小，但是我看	得	清楚。
你去商店看看吧，也许买		到。

2

这	不是	很有意思吗?
	难道	我会不知道?
那	怎么	是一样的呢?

3

桌子上	放着	几本书。
墙上	挂着	两幅水墨画。
我家	买了	一辆车。

4

一定能让你觉得		新鲜		有趣。
冬天	又	冷	又	干燥。
这里的空气		清新		湿润。

연습문제

1 밑줄 친 부분이 대답의 핵심이 되도록 의문문을 만드세요.

예 昆明又叫“春城”。→昆明又叫什么?

1. 哈尔滨可以看冰灯。→ ______________________
2. 哈尔滨可以看冰灯。→ ______________________
3. 昆明有20多个少数民族。→ ______________________
4. 昆明有20多个少数民族。→ ______________________
5. 这个假期我准备去云南昆明旅游。→ ______________________

2 밑줄 친 부분의 서로 다른 강세의 위치에 주의하면서, 아래 문장을 읽어보세요.

去昆明可以吃到你见都没见过的热带水果哦。
去昆明可以吃到你见都没见过的热带水果哦。
去昆明可以吃到你见都没见过的热带水果哦 。

3 아래 단어들을 사용하여 본문의 내용을 다시 얘기해보고, 물음에 답하세요.

冰灯　“春城”　鲜花　寒冷　阳光　少数民族　新鲜　热带水果
中国冬天哪里最好玩? 为什么?

HSK 연습문제

1번-4번. 내용이 연결되는 문장을 고르시오.

A 你难道不知道他是谁?

B 那你去过云南的昆明吗？那里四季如春。

C 你去那家商店看看吧，也许买得到。

D 北方天气又热又干燥，还是去南方吧。

E 当然。我们先坐公共汽车，然后换地铁。

예 你知道怎么去那儿吗？ (E)

1. 我想买个有特色的礼物，可是去了好几个地方都没买到。 ( )
2. 今年暑假你想去哪儿玩？ ( )
3. 我喜欢一年四季都开着鲜花的城市。 ( )
4. 我刚来，不太认识。 ( )

5번-8번. 괄호 안에 가장 알맞은 단어를 A-E 중에서 고르시오.

A 城市　B 短　C 送　D 位　E 声音

예 她说话的声音 (E) 多好听啊。

5. 周末，我要去机场 ( ) 朋友。
6. 年轻人都喜欢去北京，上海这样的大 ( ) 工作，学习。
7. 请问，是不是有 ( ) 姓王的老师给我打过电话？
8. 那个头发又 ( ) 又黑的就是小李。

9번-12번. 주어진 문장의 내용을 참고하여 질문에 맞는 답을 고르시오.

예 您是来参加今天会议的吗？您来早了一点儿，现在才八点半。您先进来坐吧。

★ 会议最可能几点开始？

A 8点　B 8点半　C 9点 √

9. 小李，你的房间在三楼。房间里有洗衣机，冰箱，但是不能做饭。做饭要去二楼的公共厨房。

★ 根据这段话，可以知道小李的房间：

A 不能洗衣服　　B 不能做饭　　C 在二楼

10. 我很喜欢各国的文化和美食，我希望有机会到别的国家走走看看，体验一下不同国家的不同生活。

★ 我希望：

A 走到别的国家　　B 在自己国家　　C 体验不同的生活

11. 期中考试分数出来了，平时我总是一边玩一边学习，现在后悔极了。

★ 我这次考试：

A 考得很好　　B 考得不好　　C 成绩还可以

12. 今天下课后我不能跟大家一起去吃饭了，奶奶病了好几天了，我得去医院照顾奶奶。

★ 奶奶怎么了?

A 住院了　　B 吃饭去了　　C 照顾我

13번-16번. 주어진 단어들을 어법에 맞게 배열하여 완전한 문장을 만드시오.

예 小船 上 一 河 条 有

河上有一条小船。

13. 来 一个 前边 了 人

____

14. 真的 我 知道 不

____

15. 辆 坏 自行车 那 了

____

16. 去　超市　　买　我　　苹果

____

17번-20번. 문장의 내용과 발음기호를 참조하여 괄호 안에 정확한 한자를 써 넣으시오.

[예] 没（guān 关　）系，别难过，高兴点儿。

17. 我今天上课迟（dào　　）了。

18. 我很担（xīn　　）我的汉语说得不好。

19. 我家门口正好有辆出（zū　　）车。

20. 社长很满（yì　　）小李的工作。

낭 독 하 기

◎ 띄어 읽기에 주의하여 본문을 낭독해 보세요.

冬天/中国哪里最好玩？可能有人说，哈尔滨——那里/可以看冰灯！但是，我推荐你/去云南的昆明。为什么？——在寒冷的冬季，却感受得到/春天的阳光，这不是/很有意思吗？

昆明/又叫"春城"，因为/四季都像春天一样，城市里/一年都开着鲜花！云南/有20多个/少数民族。在昆明的街上，那些/漂亮的民族服装，就一定/能让你觉得/又新鲜又有趣。

还有呢，那些/你可能都没见过的/热带水果，吃都吃不完呢！

행 동 과 제

친구나 가족과 같이 밖으로 나가서 거닐어보세요. 그리고 길에서 만나게 되는 재미있는 장소와 맛있는 먹거리를 중국어로 적어 보세요.

第10课 在釜山玩一天

Zài Fǔshān wán yì tiān

제10과 부산에서 즐거운 하루

핵 심 어 법

1. 虽然 A，但是 B

2. 비교문

· A 比 B

· 像 A 一样

· A 没有 B~

第10课　在釜山玩一天

Zài Fǔshān wán yì tiān

课文

RW 10-1

上周末，我和两个中国同学一起在釜山玩了一天。

两个中国同学虽然是外国人，但是已经在釜山生活了两年多了，对釜山比我还熟悉。他们就像釜山本地人一样，给我介绍了釜山很多有名的地方。

我们坐地铁，去了海云台和广安里。这些地方我在电影《海云台》里都见过，可是真的风景更漂亮！特别是广安大桥的夜景。一边看美景，一边吃海鲜、喝啤酒，真开心！

Shàng zhōumò, wǒ hé liǎng gè Zhōngguó tóngxué yìqǐ zài Fǔshān wánle yì tiān.

Liǎng gè Zhōngguó tóngxué suīrán shì wàiguórén, dànshì yǐjīng zài Fǔshān shēnghuóle liǎng nián duō le, duì Fǔshān bǐ wǒ hái shúxī.Tāmen jiù xiàng Fǔshān běndìrén yíyàng, gěi wǒ jièshàole Fǔshān hěn duō yǒumíng de dìfang.

Wǒmen zuò dìtiě, qùle Hǎiyúntái hé Guǎng'ānlǐ.Zhèxiē dìfang wǒ zài diànyǐng ≪Hǎiyúntái≫ lǐ dōu jiànguo, kěshì zhēnde fēngjǐng gèng piàoliang! Tèbié shì Guǎng'ān Dàqiáo de yèjǐng. Yìbiān kàn měijǐng, yìbiān chī hǎixiān、hē píjiǔ, zhēn kāixīn!

새 단어

RW 10-2

1	上(个)周末		shàng(gè) zhōumò	지난 주말	3
2	熟悉	형	shúxī	익숙하다. 잘 알고 있다.	4
3	虽然	접	suīrán	비록…일지라도, 설령…일지라도	3
4	外国人		wàiguórén	외국인	
5	生活	동	shēnghuó	생활하다	4
6	像……一样		xiàng… yíyàng	(마치)…처럼	3
7	本地人		běndìrén	본지인, 현지인	
8	有名	형	yǒumíng	유명하다	3
9	地方	명	dìfang	장소, 지방	3
10	地铁	명	dìtiě	지하철	3
11	夜景	명	yèjǐng	야경	超
12	海鲜	명	hǎixiān	해산물	5
13	开心	형	kāixīn	즐겁다	5
14	海云台	고유	Hǎiyúntái	해운대	
15	广安里	고유	Guǎng'ānlǐ	광안리	
16	广安大桥	고유	Guǎng'ān Dàqiáo	광안대교	

어법해설

1. 虽然A, 但是B

비록 A일지라도, 그러나 B, A기는 하지만, 그래도 B.

虽然은 주어 앞, 뒤에 모두 사용가능하며, 虽然과 但是 모두 단독으로 쓰일 수 있습니다. 앞 뒤 문장의 주어가 같을 경우, 뒤의 주어는 대부분 생략합니다.

(1) 中国同学虽然是外国人，但是在釜山生活已经两年了。

Zhōngguó tóngxué suīrán shì wàiguórén, dànshì zài Fǔshān shēnghuó yǐjīng liǎng nián le.

중국친구는 비록 외국인이긴 하지만, 부산에서 생활한 지 이미 이 년이 되었다.

(2) 虽然下雨，但是我还要去。

Suīrán xiàyǔ, dànshì wǒ hái yào qù.

비가 와도 나는 가야한다.

(3) 我虽然是个小学生，但是懂得很多。

Wǒ suīrán shì gè xiǎoxuéshēng, dànshì dǒng de hěn duō.

나는 초등학생이지만, 아는 게 아주 많다.

(4) 奶奶虽然老了，但是身体非常健康。

Nǎinai suīrán lǎo le, dànshì shēntǐ fēicháng jiànkāng.

할머니는 연세가 많아도 몸은 아주 건강하시다.

· 老	형	lǎo	늙었다	3
· 健康	형	jiànkāng	건강, 건강하다	3

2. 비교문

① A 比 B …: A가 B보다 …하다.

(1) 中国同学对釜山比我还熟悉。

Zhōngguó tóngxué duì Fǔshān bǐ wǒ hái shúxī.

중국친구가 부산에 대해서 나보다 더 잘 알고 있다.

(2) 哥哥比弟弟高，爸爸比妈妈高。

Gēge bǐ dìdi gāo，bàba bǐ māma gāo.

형이 동생보다 (키가) 크고, 아빠가 엄마보다 (키가) 크다.

(3) 冬天比春天冷。

Dōngtiān bǐ chūntiān lěng.

겨울이 봄보다 춥다.

(4) 棒球比足球小，比高尔夫球大。

Bàngqiú bǐ zúqiú xiǎo，bǐ gāo'ěrfū qiú dà.

야구공은 축구공보다는 작고, 골프공보다는 크다.

· 棒球	명	bàngqiú	야구
· 高尔夫	명	gāo'ěrfū	골프
· 球	명	qiú	공

② 像 A 一样 : A처럼, A같이

(1) 同学们像釜山本地人一样，给我介绍了釜山的很多有名的地方。

Tóngxuémen xiàng Fǔshān běndìrén yíyàng，gěi wǒ jièshàole Fǔshān hěn duō yǒumíng de dìfang.

친구들은 부산 현지인처럼 나에게 부산의 많은 유명한 곳을 소개해주었다.

(2) 老师像妈妈一样照顾学生。

Lǎoshī xiàng māma yíyàng zhàogù xuésheng.

선생님은 엄마처럼 학생들을 돌본다.

(3) 爷爷的身体像年轻人一样健康。

Yéye de shēntǐ xiàng niánqīngrén yíyàng jiànkāng.

아버지는 젊은이처럼 건강하시다.

(4) 妹妹的两条腿像筷子一样细。

Mèimei de liǎng tiáo tuǐ xiàng kuàizi yíyàng xì.

여동생의 두 다리는 젓가락처럼 야위었다.

· 照顾	동	zhàogù	돌보다	3
· 筷子	명	kuàizi	젓가락	3
· 细	형	xì	가늘다	5

③ A 没有 B~ : A는 B만큼 ~하지 못하다.

(1) 妈妈没有爸爸高。

Māma méiyǒu bàba gāo.

엄마는 아버지만큼 (키가) 크지 않다.

(2) 月亮没有太阳亮。

Yuèliang méiyǒu tàiyáng liàng.

달은 해만큼 밝지 못하다. 해가 달보다 밝다.

(3) 火车没有飞机快。

Huǒchē méiyǒu fēijī kuài.

기차는 비행기만큼 빠르지 못하다. 비행기가 기차보다 빠르다.

(4) 这次期末考试成绩，小王没有小李高。

Zhè cì qīmò kǎoshì chéngjì, Xiǎo Wáng méiyǒu Xiǎo Lǐ gāo.

이번 기말고사 성적은, 샤오왕은 샤오리만큼 높지 못하다.(샤오리의 점수가 더 높다.)

· 月亮	명	yuèliang	달	3
· 太阳	명	tàiyáng	해, 태양	3
· 亮	형	liàng	밝다	4
· 期末考试		qīmò kǎoshì	기말고사	
· 成绩	명	chéngjì	성적	3

유형연습

RW 10-3

1

虽然	中国同学是外国人， 下雨 我是个小学生，	但是	对釜山比我还熟悉。 我还要去。 懂得很多。

2

中国同学对釜山 哥哥 冬天	比	我 弟弟 春天	还熟悉。 高。 冷。

3

同学们 老师 爷爷的身体	像	本地人 妈妈 年轻人	一样	给我介绍了很多地方。 照顾学生。 健康。

4

妈妈 月亮 火车	没有	爸爸 太阳 飞机	高。 亮。 快。

연습문제

■1 주어진 단어를 2개 이상 사용하여 대화를 만들어 보세요.

走路	坐车	骑自行车	坐地铁	坐火车	坐飞机	坐船
上学	吃饭	看海	喝咖啡	留学	动物园	登山

예 我和姐姐每星期天坐地铁去星巴克喝咖啡。

· 星巴克 고유 Xīngbākè 스타벅스

■2 본문에 사용된 문형을 이용하여 대화를 만들어 보세요.

1. 上周末，我和中国同学一起在釜山玩了一天。
   (　　　　)，(　　　) 和 (　　　) 一起在 (　　　) (　　　)。
2. 这里的风景很漂亮，特别是广安大桥的夜景。
   (　　　　　　　)，特别是 (　　　　　　　　)。

■3 본문의 새 단어를 이용해서 빈 칸을 채워보세요.

1. 我对这个人很 (　　)，长得帅、性格也很好，你去见见他吧。
2. 韩国泡菜在世界上很 (　　　)，听说西方人也爱吃。
3. 这条鱼还活着，非常 (　　　)!
4. 考试已经结束了，成绩也不错，真的很 (　　　)!

HSK 연습문제

1번-4번. 내용이 연결되는 문장을 고르시오.

A 我教教你吧，其实很简单。

B 再坐一会儿吧，我有事情跟你说。

C 我明天早上有课，对不起!

D 是吗? 我帮你看看吧。

E 三点半。

例如 ：现在几点? (E)

1. 今天晚上我想出去玩儿，你要一起去吗? ( )
2. 哟! 时间不早了，我要走了。 ( )
3. 我的电脑坏了，这两天不能上网。 ( )
4. 我妈妈生病了，想给她做饭，但是我不知道怎么做。 ( )

5번-8번. 괄호 안에 가장 알맞은 단어를 A-E 중에서 고르시오.

A 容易 B 热情 C 近 D 考试 E 声音

예 她说话的声音 (E) 多好听啊。

5. 朋友说很喜欢韩国，菜很好吃，环境也很好，而且人也很 ( )。
6. 他汉语已经过了HSK4级，基础课对他太 ( )。
7. 听说这次 ( ) 很难，你要努力学习。
8. 我家离老师家很 ( )，走路5分钟就能到。

9번–12번. 주어진 문장의 내용을 참고하여, 질문에 맞는 답을 고르시오.

예 您是来参加今天会议的吗？您来早了一点儿，现在才八点半。您先进来坐吧。

★ 会议最可能几点开始？

A 8点　　B 8点半　　C 9点 √

9. A: 哥哥！你星期六要结婚，只有三天的时间了，准备得怎么样？

B: 说什么呢！还得等三天呢，我早就准备好了，等着那天到来呢！

★ 今天最可能是星期几？

A 星期一　　B 星期三　　C 星期五

10. 这是您点的糖醋肉，请慢用！

★ 说话人最可能是做什么工作的？

A 医生　　B 服务员　　C 老师

11. 已经八点了，还要洗脸、刷牙、穿衣服，九点的课来得及吗？

★ 现在最可能是什么时候？

A 早上　　B 中午　　C 下午

12. A: 你还没买票啊？开始检票了，车都快要开了，怎么办呢？

B: 我借的书今天到期了，去还书耽误了时间，咱们先上车再补吧！

★ 他们现在最可能在哪里？

A 学校　　B 图书馆　　C 火车站

13번–15번. 주어진 단어들을 어법에 맞게 배열하여 완전한 문장을 만드시오.

예 最　吃　我　西瓜　爱

我最爱吃西瓜。

13. 汉语　　我　　要　　学习　　认真

____

14. 裙子　　多少　　条　　这　　钱

____

15. 好好儿　　累　　休息　　了　　吧　　就

____

16번-20번. 문장의 내용과 발음기호를 참조하여 괄호 안에 정확한 한자를 써 넣으시오.

예 没 (关 guān) 系， 别难过，高兴点儿。

16. 妈妈买了太多面 (bāo)，我都吃了一个星期，再也不想吃了，我想吃米饭!

17. 我们公司的经理，虽然60多了，但是身体很健康，听说他每星期天去 (pá) 山。

18. 为了锻炼身体，我每天早上 (qí) 车上班。

19. 我新买了一副眼镜，看黑板上的字看得非常 (qīng) 楚。

20. 天气太热，吃了两个冰淇淋也不行，我想去 (yóu) 泳。

낭독하기

◎ 띄어 읽기에 주의하여 본문을 낭독해 보세요.

上个周末，我和两个中国同学 / 一起去了 / 釜山一日游。

因为 / 我今年三月 / 来釜山开始上大学，所以 / 对釜山不熟悉。中国同学 / 虽然是外国人，但是 /在釜山生活 / 已经两年了，对釜山 / 比我还熟悉。同学们 / 像釜山本地人一样，给我介绍了 / 釜山的很多有名的地方。

我们坐地铁，上午 / 去了海云台，晚上 / 还去了广安里。坐在沙滩上 / 一边看 / 广安大桥的夜景，一边吃 / 很多新鲜的海鲜，一天 / 过得真开心!

행 동 과 제

여러분은 중국친구가 있습니까? 이번 주말에 중국친구들과 한국의 다른 도시에 가보고, 한국의 여러 좋은 곳을 소개해보십시오. 그리고 아래의 한국의 대도시들의 이름을 중국 친구들은 어떻게 말하는지 들어보고 적어보세요. 그리고 한국의 이름도 알려주세요.

서울　부산　인천　대전　대구　경주　광주　전주　제주도

第11课 网迷

Wǎngmí

제 11 과 인터넷광

핵 심 어 법

1. 피동문
2. 不是 A，是 B
3. 조동사 敢

第11课　网迷

Wǎngmí

课文

RW 11-1

我家买了一台新的电脑。这几天妹妹一直上网、玩儿游戏，妈妈说孩子不应该总是玩儿电脑。可是昨天晚上妹妹又玩儿了很长时间，被妈妈发现了。妈妈很生气地说："从今天开始，你一天最多玩儿半个小时!"妹妹说："我不是玩儿游戏，是用电脑写作业呢。"

爸爸出了个主意："你可以用电脑，但是要让我们看到你在做什么。"爸爸说完，就把电脑搬到了客厅里，这一下，妹妹不敢再说什么了。

Wǒ jiā mǎile yì tái xīn de diànnǎo. Zhè jǐ tiān mèimei yìzhí shàngwǎng、wánr yóuxì, māmɑ shuō háizi bù yīnggāi zǒngshì wánr diànnǎo.Kěshì zuótiān wǎnshang mèimei yòu wánrle hěn cháng shíjiān, bèi māmɑ fāxiàn le.Māmɑ hěn shēngqì de shuō："Cóng jīntiān kāishǐ, nǐ yì tiān zuìduō wánr bàn gè xiǎoshí!"Mèimei shuō："Wǒ bú shì wánr yóuxì, shì yòng diànnǎo xiě zuòyè ne."

Bàbɑ chūle gè zhǔyi："Nǐ kěyǐ yòng diànnǎo, dànshì yào ràng wǒmen kàndào nǐ zài zuò shénme."Bàbɑ shuō wán, jiù bǎ diànnǎo bān dào le kètīng lǐ, zhè yi xià, mèimei bù gǎn zài shuō shénme le.

새 단어

RW 11-2

1	网迷	명	wǎngmí	인터넷광, 인터넷 매니아	
2	一直	부	yìzhí	줄곧, 계속해서	3
3	上网	동	shàngwǎng	인터넷을 하다	3
4	游戏	명	yóuxì	게임	3
5	应该	조동	yīnggāi	당연히~해야 한다	3
6	被	개	bèi	~에 의해서(피동)	
7	生气	동	shēngqì	화를 내다	3
8	半	명	bàn	반	3
9	主意	명	zhǔyi	아이디어, 생각, 방법	4
10	客厅	명	kètīng	거실	
11	这一下		zhè yí xià	이 때, 이번	
12	敢	조동	gǎn	감히(~하다)	3

어법해설

1. 피동문

被、让、叫 등의 전치사를 써서 누구에 의해 동작이 이루어졌음을 나타내기도 하고, 아무런 표지가 없이 의미상 피동을 나타낼 수도 있습니다. 대부분 주어가 원하지 않는 상황이 발생했을 때 쓰입니다.

(1) 弟弟玩了很长时间的电脑，被妈妈发现了。

Dìdi wánle hěn cháng shíjiān de diànnǎo, bèi māmɑ fāxiàn le.

동생은 오랜 시간 컴퓨터를 하다가, 엄마에게 들켰다.

(2) 老鼠让小猫吃了。

Lǎoshǔ ràng xiǎo māo chī le.

쥐가 고양이에게 잡아 먹혔다.

(3) 钱包偷走了。

Qiánbāo tōuzǒu le.

지갑을 도둑맞았다.

(4) 帽子吹跑了。

Màozi chuīpǎo le.

모자가 날아가 버렸다.

· 老鼠	명	lǎoshǔ	쥐	5
· 钱包	명	qiánbāo	지갑	
· 小偷	명	xiǎotōu	소매치기, 도둑	5
· 偷	동	tōu	훔치다	
· 吹	동	chuī	불다	5

2. 不是 A，是 B

A가 아니라, B이다. 두 가지를 대조하여 B라는 것을 강조하기 위하여 쓰는 표현입니다. 이 문형에 쓰이는 是와 不是는 강조하기 위해서 덧붙여 쓰는 것이므로, A나 B에는 어떤 형식도 사용 가능합니다.

(1) 我不是玩儿游戏，是写作业。
Wǒ bú shì wánr yóuxì，shì xiě zuòyè.
나는 게임 하는 게 아니라, 숙제 하는 거야.

(2) 这不是开玩笑，是说实话!
Zhè bú shì kāi wánxiào，shì shuō shíhuà!
이거 농담 아니야, 진심이라구!

(3) 他不是不想去，是不能去。
Tā bú shì bù xiǎng qù，shì bù néng qù.
그는 가고 싶지 않은 게 아니라, 갈 수 없는 것이다.

(4) 我的生日不是15号，是16号。
Wǒ de shēngrì bú shì 15 hào，shì 16 hào.
내 생일은 15일이 아니라, 16일이다.

3. 敢

敢은 동사 앞에 써서 '감히(용감하게, 자신있게) ~하다'라는 뜻을 나타내는 조동사입니다. 부정형은 不敢을 쓰며, '감히 ~하지 못하다'의 뜻을 나타냅니다. 동사 없이 단독으로 쓰일 수도 있습니다.

(1) 弟弟不敢再说什么了。
Dìdi bù gǎn zài shuō shénme le.
동생은 감히 아무 말도 하지 못했다.

(2) 你还敢做这样的事!
Nǐ hái gǎn zuò zhèyàng de shì.

네가 감히 이런 일을 저지르다니!

(3) 老师的话，学生们不敢不听。

Lǎoshī de huà，xuéshengmen bù gǎn bù tīng.

선생님의 말은, 학생들은 감히 안 들을 수가 없다.

(4) 我哪儿敢啊!

Wǒ nǎr gǎn a!

제가 어찌 감히 (그러겠습니까)!

- 开玩笑 kāi wánxiào 농담하다
- 说实话 shuō shíhuà 솔직히 말하다

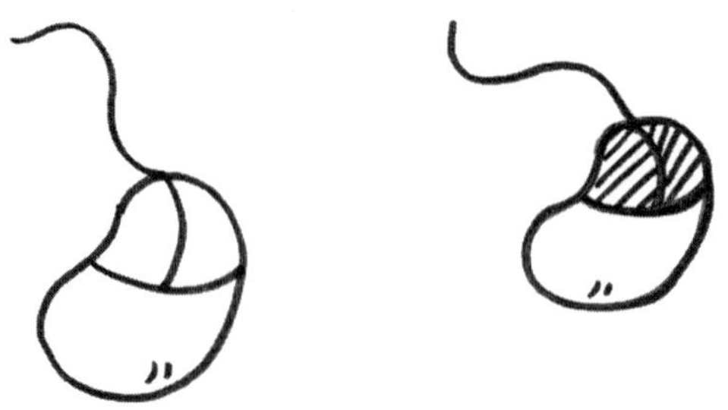

유형연습

RW 11-3

1

弟弟玩儿电脑 老鼠 钱包	被 让	妈妈 小猫	发现了。 吃了。 偷走了。

2

我 这 他	不是	玩儿游戏, 开玩笑, 不想去,	是	写作业。 说实话。 不能去。

3

弟弟不 你 学生们不	敢	再说什么了。 做这样的事! 不听。

연습문제

■1 본문의 내용을 생각하며, 다음 질문에 답해 보세요.

1. 妈妈和妹妹为什么吵架?
2. 妈妈为什么不让妹妹玩儿电脑?
3. 妹妹是怎么回答的?
4. 爸爸要怎样做?
5. 请说说家里发生了什么事情。

· 吵架 동 chǎojià 말다툼하다 5

■2 본문의 내용에 맞게 각 단어를 번호 순서대로 짝을 맞추어 말해보세요.

①	②	③	④
妈妈	不喜欢	妈妈	把电脑搬到客厅里
妹妹	喜欢	妹妹	玩儿游戏
爸爸		爸爸	看书
			吵架
			做作业
			出主意

보기 : ①妹妹 ②喜欢 ④玩儿电脑。

■3 여러분은 어떤 취미를 갖고 있나요? 아래의 취미활동 중 하나를 골라서 에피소드를 얘기해보세요.

打球　看电影　钓鱼　登山　听音乐　养宠物　摄影　下棋　网上聊天

HSK 연습문제

1번-6번. 괄호 안에 가장 알맞은 단어를 A-G 중에서 고르시오.

A 恐怕　B 发烧　C 坚持　D 故意　E 冷静　F 舒服　G 后悔

예 她每天都 (　) 走路上下班，所以身体一直很不错。 (C)

1. 请您千万不要误会，这并不是我 (　) 做的。 (　)
2. 这是新买的椅子，你坐着 (　) 吗? (　)
3. 你上了大学，除了玩儿，还是玩儿，到了毕业时，(　) 可是你自己的事。 (　)
4. A: 小王找工作的情况怎么样了?
   B: (　) 不太顺利，找了两个月，还没有听到什么好消息。 (　)
5. A: 气死我了，谁这样停车呀，正挡住我的车，我非把它砸了不可!
   B: 你先 (　) 点儿，咱们找找车主的手机号码，给他打电话吧! (　)
6. A: 你的脸色不太好，是不是感冒了?
   B: 好像是，咳嗽，还有点儿 (　)。 (　)

7번-10번. 주어진 문장들을 내용이 이어지도록 순서대로 배열하시오.

예　A: 可是今天起晚了
　　B: 平时我骑自行车上下班
　　C: 所以就打车来公司　　B A C

7.　A: 所以我上班迟到了
　　B: 早上在公共汽车上，我钱包被小偷偷走了
　　C: 银行卡、身份证都在钱包里，我只好赶紧去挂失　　________

8.　A: 可是粗心不算是大问题
　　B: 只要你在生活上多小心一点儿就可以了
　　C: 虽然工作上粗心会经常出错　　________

9. A: 从大学一年级开始，我就住在宿舍里了
B: 但是可以一起吃饭、一起聊天，过得也很开心!
C: 虽然和同学们一起住一个房间有些不方便 ________

10. A: 没想到同学们给我准备了蛋糕和礼物
B: 昨天是我离开父母以后第一次自己过生日
C: 这么多的同学们陪着我，我一点儿也不感到孤单 ________

11번-14번. 주어진 문장의 내용을 참고하여 질문에 맞는 답을 고르시오.

예 她很活泼，说话很有趣，总能给我们带来快乐，我们都很喜欢和她在一起。

★ 她是什么样的人?

A 幽默 √ B 马虎 C 骄傲 D 害羞

11. 这几天天气很好，不热也不冷，红色的树叶也很好看!

★ 现在最可能是什么季节?

A 春天 B 夏天 C 秋天 D 冬天

12. 他上午在上课的时候，被老师批评了一顿，下午一直不说话。

★ 他的心情很可能怎么样?

A 着急 B 高兴 C 难过 D 害怕

13. 从我家买了电脑以后，我就爱上它了。电脑中可以学到的东西真是太多了。我们一定要不断地学习和掌握它，让它为我们做更多的事。因为未来必将是一个电脑的时代。

★ 根据这段话，可以知道我对电脑很：

A 感兴趣 B 担心 C 不关心 D 害怕

14. 到了下午，比赛已经快结束了，前面的几个项目我们班都得了第一名，现在就看最后一个项目------八百米决赛。因为我平时跑步跑得较快，同学们把我选为我们班的选手。我

为今天的决赛特地买了一双运动鞋。我一出场，全班同学都为我喊起来了："加油！ 王小东！加油！"

★ 根据这段话，今天最可能有什么活动？

A 春季郊游　　B 秋季运动会　　C 冬季滑冰比赛　　D 夏季游泳比赛

15번–18번. 주어진 단어들을 어법에 맞게 배열하여 완전한 문장을 만드시오.

예　那座桥　　800年的　　历史　　有　　了

那座桥有800年的历史了。

15.　正常　　天气　　这几年　　不太　　全球的　　都

16.　失败的　　很失望　　儿子　　消息　　让　　妈妈

17.　污染　　厉害　　最近　　环境　　越来越

18.　中国地图　　一张　　教室里的　　挂着　　墙上

19번–20번. 그림을 보고, 제시어를 이용하여 문장을 만드시오.

예

乒乓球　　她很喜欢打乒乓球。

19. 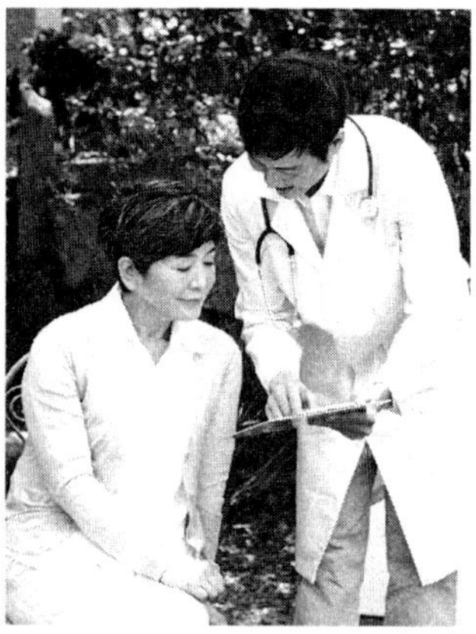 调查 ______________________

20.  酸 ______________________

낭독하기

◎ 띄어 읽기에 주의하여 본문을 낭독해 보세요.

这几天 / 妹妹一直上网、玩儿游戏，妈妈说 / 孩子不应该总是玩电脑。可是昨天晚上 / 妹妹又玩了很长时间，被妈妈发现了。妈妈很生气地说：“从今天开始，你一天最多玩半个小时!” 妹妹说：“我不是在玩游戏，是用电脑写作业呢。”

爸爸出了个主意：“你可以用电脑，但是要让我们看到 / 你在做什么。”爸爸说完，就把电脑搬到了客厅里，这一下，妹妹不敢再说什么了。

행 동 과 제

웹서핑을 좋아하시나요? 중국의 사이트에 들어가 보셨나요? 아래 인터넷 주소에 들어가 사이버 중국을 서핑해 보고, 재미있는 소식을 선정해 소개해 보세요.

http://www.baidu.com/

http://www.sohu.com

http://www.google.com.hk/

http://www.youku.com

第12课　快要放假了

Kuài yào fàngjià le

제 12 과　곧 방학이다!

핵 심 어 법

1. 为A
2. 단문, 복문 그리고 접속사
3. 중국어의 기본 어순
4. 나열에 사용하는 문장부호

第 12 课　快要放假了

Kuài yào fàngjià le

课文

RW 12-1

快要放假了!

我想带几个中国同学去奶奶家玩几天。奶奶家在乡下，我想给中国朋友一个体会韩国农村生活的机会。因为我平时没有时间去看奶奶，所以叔叔知道我要去那儿，已经为我们准备好了几个有意思的活动：钓鱼、游泳、摘西瓜等等。

如果天气好，晚上我们还可以看到大大的月亮和很多星星。听着奶奶讲的故事，一边吃西瓜，一边看星星，那会是多么舒服的暑假呀!

Kuài yào fàngjià le!

Wǒ xiǎng dài jǐ gè Zhōngguó tóngxué qù nǎinɑi jiā wán jǐ tiān.Nǎinɑi jiā zài xiāngxià, wǒ xiǎng gěi Zhōngguó péngyou yí gè tǐhuì Hánguó nóngcūn shēnghuó de jīhuì.Yīnwèi wǒ píngshí méiyǒu shíjiān qù kàn nǎinɑi, suǒyǐ shūshu zhīdào wǒ yào qù nàr, yǐjīng wèi wǒmen zhǔnbèi hǎo le jǐ gè yǒu yìsi de huódòng: diàoyú、yóuyǒng、zhāi xīguā děngděng.

Rúguǒ tiānqì hǎo, wǎnshang wǒmen hái kěyǐ kàndào dàdà de yuèliang hé hěn duō xīngxing.Tīngzhe nǎinɑi jiǎng de gùshi, yìbiān chī xīguā, yìbiān kàn xīngxing, nà huì shì duōme shūfu de shǔjià yɑ!

새 단어

RW 12-2

1	放假		fàngjià	방학하다, 연휴가 되다	
2	带	동	dài	휴대하다, 동반하다	3
3	乡下	명	xiāngxià	시골	
4	体会	동	tǐhuì	체험하다, 체험	5
5	农村	명	nóngcūn	농촌	4
6	机会	명	jīhuì	기회	3
7	平时	명	píngshí	평소	4
8	叔叔	명	shūshu	삼촌, 아저씨	3
9	活动	명	huódòng	활동, 행사	4
10	钓(鱼)	동	diào(yú)	낚시를 하다	5
11	摘	동	zhāi	따다	5
12	星星	명	xīngxing	별	超
13	讲	동	jiǎng	이야기하다, 강의하다	3
14	舒服	형	shūfu	편안하다	3
15	暑假	명	shǔjià	여름방학	超

어법해설

1. 为A

为A는 'A를 위해'라는 뜻을 나타냅니다. 주로 주어의 뒤에 나오며, 주어는 생략될 수도 있습니다. 원인이나 목적을 나타낼 때에는 了를 붙여서 为了로도 쓰입니다. (제4과의 어법을 참조하세요!)

(1) 叔叔为我们准备了几个有意思的活动。
Shūshu wèi wǒmen zhǔnbèile jǐ gè yǒu yìsi de huódòng.
삼촌은 우리를 위해 몇 가지 재미있는 이벤트를 준비하셨다.

(2) 父母为子女担心。
Fùmǔ wèi zǐnǚ dānxīn.
부모는 자녀를 위해 걱정하신다.

(3) 学生为自己的未来认真学习。
Xuésheng wèi zìjǐ de wèilái rènzhēn xuéxí.
학생은 자기의 미래를 위해 열심히 공부한다.

(4) 为人民服务。
Wèi rénmín fúwù.
대중을 위해 봉사하다.

· 未来	명	wèilái	미래	5
· 人民	명	rénmín	국민, 사람들, 대중	4
· 服务	동	fúwù	봉사하다	2

2. 단문과 복문, 그리고 접속사

하나의 주어와 서술어로 이루어진 문장을 단문이라고 하고, 두 개 이상의 단문이 서로의 문장성분이 되지 않으면서 이어진 문장을 복문이라고 합니다. 복문 내 단문의 주어가 같을 경우엔 뒷 문장의 주어는 생략되기도 하고, 특별한 의미를 나타내기 위해 연결을 위한 접속사를 사용하기도 합니다. 접속사는 짝을 지어 사용하기도 하고, 필요에 따라 하나만 사용하기도 합니다.

(1) 他不去，我也不去。
Tā bú qù，wǒ yě bú qù.
그가 안 가면, 나도 안 간다.

(2) 如果他不去，我也不去。
Rúguǒ tā bú qù，wǒ yě bú qù.
만약 그가 안 간다면, 나도 안 간다.

(3) 虽然他不去，但是我还想去。
Suīrán tā bú qù，dànshì wǒ hái xiǎng qù.
비록 그는 안 가지만, 나는 그래도 가고 싶다.

(4) 因为他不去，所以我得去。
Yīnwèi tā bú qù，suǒyǐ wǒ děi qù.
그가 안 가기 때문에, 내가 가야 한다.

(5) 不但他不去，而且我也不去。
Búdàn tā bú qù，érqiě wǒ yě bú qù.
그가 안 갈 뿐만 아니라, 나도 안 간다.

(6) 先问问他去不去，然后我再决定去不去。
Xiān wènwen tā qù bu qù，ránhòu wǒ zài juédìng qù bu qù.
먼저 그가 가는지 안 가는지 물어보고, 그 담에 내가 갈 지 안 갈지 결정하겠다.

(7) 他去，或者你去，我觉得都可以。
Tā qù，huòzhě nǐ qù，wǒ juéde dōu kěyǐ.
그가 가든, 혹은 네가 가든, 난 다 괜찮다고 생각해.

(8) 明天出差，他去，还是你去?

Míngtiān chūchāi, tā qù, háishì nǐ qù?
내일 출장, 그 사람이 가니, 네가 가니?

주어가 생략된 단문도 있습니다. 下雨了。 多好啊! Xiàyǔ le. Duō hǎo a!
연동문(제2과 참조)도 단문에 속합니다. 我去买东西。 Wǒ qù mǎi dōngxi.

3. 중국어의 기본 어순

중국어의 기본 어순은 "주어 + 동사 + 목적어"입니다.

주어(主语) +	서술어(谓语) +	목적어(宾语)
我们	去	奶奶家
Wǒmen	qù	nǎinai jiā
奶奶	讲	故事
Nǎinai	jiǎng	gùshi

주어와 목적어는 주로 명사가 담당하며, 서술어는 주로 동사와 형용사가 담당합니다. 형용사는 목적어를 가질 수 없습니다. 또한 관형어(定语)는 명사를 앞에서 수식하고, 부사어(状语)는 서술어를 앞에서 수식하며, 보어(补语)는 서술어를 뒤에서 보충하는 역할을 합니다. 그래서, 중국어의 기본 어순은 아래와 같습니다.

주어(관형어+명사) -	부사어 -	서술어(동사) -	보어 -	목적어(관형어+명사)
胖乎乎的小女孩	一下子	吃	掉	三块蛋糕。
Pàng hūhū de xiǎo nǚhái	yīxiàzi	chī	diào	sān kuài dàngāo.
聪明的小学生	马上	背	出了	长长的课文。
Cōngming de xiǎoxuéshēng	mǎshàng	bèi	chūle	chángcháng de kèwén.

주어(관형어+명사) -	부사어 -	서술어(형용사)
晚上的教室	非常	安静
Wǎnshang de jiàoshì	fēi cháng	ānjìng.
韩国的秋天	很	凉快

Hánguó de qiūtiān hěn liángkuai.

4. 나열에 쓰이는 문장부호

중국어 문장에 많이 쓰이는 문장 부호 중 여러 단어와 구, 그리고 문장들을 병렬할 때 쓰이는 세 가지 문장 부호를 알아봅시다.

① 、: 顿号: 단문 안에서 두 가지 이상의 단어나 구를 나열할 때 쓰입니다. 한국어에는 쓰지 않는 부호입니다.

(1) 弟弟一直上网、玩儿游戏。

Dìdi yìzhí shàngwǎng、wánr yóuxì.

동생은 계속 인터넷을 하거나, 게임을 한다.

(2) 我家有爷爷、奶奶、爸爸、妈妈、妹妹和我。

Wǒ jiā yǒu yéye、nǎinai、bàba、māma、mèimei hé wǒ.

우리 집에는 할아버지, 할머니, 아버지, 어머니, 여동생과 내가 있다.

※ 여러 문장부호의 중국어명칭			
。마침표 句号	！느낌표 叹号	？물음표 问号	、 顿号
，쉼표 逗号	：쌍점 冒号	；쌍반점 分号	“ ” 따옴표 引号

② ，: 쉼표 逗号: 복문 안에서 둘 이상의 구나 단문을 나열할 때 쓰입니다.

(1) 我不是玩儿游戏，是用电脑写作业呢。

Wǒ bú shì wánr yóuxì，shì yòng diànnǎo xiě zuòyè ne.

나는 게임을 하는 것이 아니라, 컴퓨터로 숙제를 하는 것이다.

(2) 听着奶奶讲的故事，一边吃西瓜，一边看星星。

Tīngzhe nǎinai jiǎng de gùshi，yìbiān chī xīguā，yìbiān kàn xīngxing.

할머니의 얘기를 들으며, 수박을 먹으면서, 별을 구경한다.

③ ；: 分号: 연관성이 있는 비슷한 문형의 단문, 혹은 복문을 나열할 때, 문장 사이를 내용

적으로 구분하기 위하여 쓰입니다.

(1) 如果你想跟我一起去东北，就尽快来北京；要是不打算去，就给我来个电话。

Rúguǒ nǐ xiǎng gēn wǒ yìqǐ qù Dōngběi, jiù jǐnkuài lái Běijīng ; yàoshi bù dǎsuàn qù, jiù gěi wǒ lái gè diànhuà.

만약 네가 나와 같이 뚱베이에 가고 싶다면, 최대한 빨리 뻬이징으로 와라; 만약에 갈 생각이 없다면, 나한테 전화를 해라.

(2) 昨天早上，天气突然变冷；中午，寒冷的风刮起来了，刮了一个下午；黄昏时，风停了，就下起大雪来。

Zuótiān zǎoshang, tiānqì tūrán biàn lěng ; zhōngwǔ, hánlěng de fēng guā qilai le, guāle yí gè xiàwǔ ; huánghūn shí, fēng tíng le, jiù xiàqi dà xuě lai.

어제 아침엔, 날씨가 갑자기 추워졌다; 점심때쯤엔 차디찬 바람이 불기 시작하더니, 오후 내내 불었다; 날이 저물 때쯤엔, 바람이 멎고, 함박눈이 내리기 시작했다.

유형연습

RW 12-3

1

叔叔 父母 学生	为	我们 子女 自己的未来	准备了几个活动。 担心。 认真学习。

2

虽然 因为 不但	他不去，	但是 所以 而且	我还想去。 我得去。 我也不去。

3

胖乎乎的小女孩儿 聪明的小学生	一下子 马上	吃 背	掉 出了	三块蛋糕。 长长的课文。
晚上的教室 韩国的秋天	非常 很	安静。 凉快。		

4

我家有爷爷、奶奶、爸爸、妈妈、妹妹和我。

听着奶奶讲的故事，一边吃西瓜，一边看星星。

爸爸生活很有规律：六点起床；八点上班；五点下班；九点回家。

연습문제

1 본문의 문형을 모방하여, 밑줄 친 부분에 다른 말을 넣어 문장을 만들어보세요.

1. 快要放假了，咱们去奶奶家玩儿几天吧。

   快要（　　　　　）了，咱们（　　　　　　　）吧。

2. 如果天气好，晚上我们还可以看到大大的月亮和很多星星。

   如果（　　　　　），　我们可以（　　　　　　　　）。

2 각 인물들이 한 일이나 할 일들을 얘기해보세요.

1. 我________________
2. 中国朋友________________
3. 叔叔________________
4. 奶奶________________

3 다음 단어들을 3개 이상 사용하여 방학 중 계획을 얘기해보세요.

放假　　暑假(寒假)　　去　　火车　　飞机　　打算　　有意思　　体会　　机会

HSK 연습문제

1번-6번. 괄호 안에 가장 알맞은 단어를 A-G 중에서 고르시오.

A 否则　B 害羞　C 坚持　D 骄傲　E 包括　F 值得　G 浪费

예　她每天都（　）走路上下班，所以身体一直很不错。（　C　）

1. 我们班有二十六个同学，(　　) 我在内。 (　　)

2. 年轻时要多攒点儿钱，(　　) 老了只好过贫穷的日子。 (　　)

3. 为吃顿饭而跑那么远的路，那太 (　　) 时间的吧。 (　　)

4. A: 上周有人给老李介绍了一个女朋友，你知道怎么样了？
   B: 他一见女人，就 (　　) 得连头都抬不起来，能成功吗？ (　　)

5. A: 听说老板的女儿这次考试得了全校第一名。 (　　)
   B: 是吗？难怪他一直那么为女儿 (　　)。

6. A: 一件衬衫那么贵，你觉得 (　　) 吗？ (　　)
   B: 这是我喜欢的明星穿过的，再贵也想买。

7번–10번. 주어진 문장들을 내용이 이어지도록 순서대로 배열하시오.

예
A: 可是今天起晚了
B: 平时我骑自行车上下班
C: 所以就打车来公司　　　B A C

7.
A: 但是印度文化给我留下了深刻的印象
B: 虽然我第一次看到印度的东西
C: 昨天我去参观了一个印度文化节　　　________

8.
A: 然后打开冰箱看看有没有吃的
B: 他从学校回到了家
C: 先把书包放在桌子上　　　________

9.
A: 爸爸从来不做饭
B: 但是今天妈妈住院了
C: 他只好自己做饭吃了　　　________

10.
A: 因为你在非洲住过很多年，也很了解那里的风俗习惯
B: 所以我觉得这份工作适合你去干
C: 我们公司找一位非洲工厂管理员　　　________

11번-14번. 주어진 문장의 내용을 참고하여 질문에 맞는 답을 고르시오.

예 她很活泼，说话很有趣，总能给我们带来快乐，我们都很喜欢和她在一起。

★ 她是什么样的人?

A 幽默 √　　B 马虎　　C 骄傲　　D 害羞

11. 每年春节，我去奶奶家吃很多好吃的菜，这次又胖了两公斤，我得少吃点儿了!

★ 根据这句话，我们可以知道她：

A 很担心　　B 很生气　　C 想吃菜　　D 很高兴

12. 这是我的护照，没有要托运的东西。请给我安排一个靠窗的座位。

★ 说话人现在最可能在哪儿?

A 学校　　B 邮局　　C 机场　　D 超市

13. 您感冒了，打一针，回去准时吃饭吃药，休息几天就会好的。

★ 说话人最可能是：

A 老师　　B 司机　　C 厨师　　D 医生

14. 我很怕热，天气一热就睡不着觉，今年一定要买一台。

★ 说话人最可能想买什么?

A 冰箱　　B 电脑　　C 照相机　　D 空调

15번-18번. 주어진 단어들을 어법에 맞게 배열하여 완전한 문장을 만드시오.

예 那座桥　　800年的　　历史　　有　　了

那座桥有800年的历史了。

15. 是　　历史　　足球　　一种　　运动项目　　很久的

____

16. 重要　更　漂亮的　性格　比　脸　活泼的

____

17. 真快　给我　爸爸　买的　这匹马　跑得

____

18. 大学生活　十分　了　结束　快要　难忘的

____

19번-20번. 그림을 보고, 제시어를 이용하여 문장을 만드시오.

예

乒乓球 她很喜欢打乒乓球。

19.

渴 ________________________

20.

骑 ________________________

낭독하기

◎ 띄어 읽기에 주의하여 본문을 낭독해 보세요.

快要放假了!

我想 / 带几个中国同学 / 去奶奶家玩几天。奶奶家在乡下，我想 / 给中国朋友/一个 / 体会韩国农村生活的 / 机会。因为 / 我平时没有时间去看奶奶，所以 / 叔叔知道我要去那儿，已经为我们 / 准备好了几个有意思的活动：钓鱼、游泳、摘西瓜等等。

如果天气好，晚上我们还可以看到 / 大大的月亮和很多星星。听着奶奶讲的故事，一边吃西瓜一边看星星，那会是多么舒服的暑假呀!

행동과제

기차 타는 것을 좋아하시나요? 한국의 기차표를 한 장 구해서, 표에 적혀 있는 내용을 중국어로 번역해보고, 친구들에게 한국의 기차표를 소개하고, 중국의 기차표와 어떻게 다른지 비교해보세요.

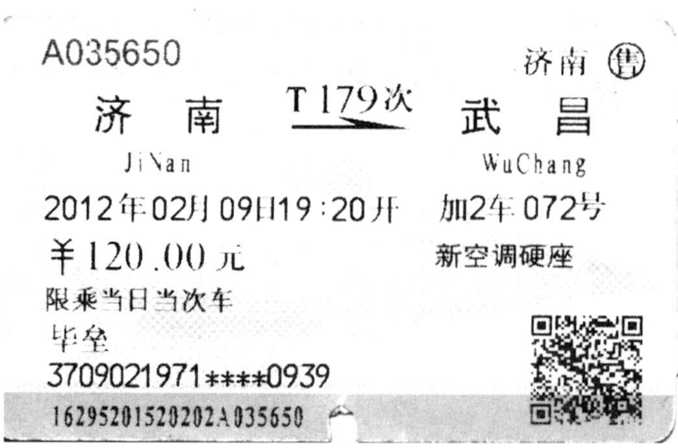

본 문 해 석

제1과 진돗개 백구

진돗개는 한국인이 가장 좋아하는 개인데, 백구는 아마도 한국에서 가장 유명한 진돗개일 것입니다. 백구가 어렸을 때, 주인이 가난해서, 백구를 아주 먼 대전에 팔았답니다. 새 주인은 백구를 많이 아껴줬지만, 백구는 항상 엄마와 고향 진도가 그리웠습니다. 어느 날, 백구는 진도로 돌아가기로 결심했습니다! 백구는 7개월이나 걸려서, 300킬로미터를 걸어서, 마침내 대전에서 진도로 돌아왔답니다!

백구는 한국인들에게 큰 감동을 주었는데, 왜냐하면 백구에게는 한국의 "백의민족" 정신이 있기 때문입니다.

제2과 난 올해 스무 살이다

3월 1일 나는 대학에 입학합니다. 그 날은 내 스무 살 생일이기도 하답니다!

아버지와 어머니는 기뻐하시면서, 내게 커다란 생일 케이크를 사주신다고 하십니다. 또 내 고등학교 친구들을 집으로 초대해서 놀라고 하셨습니다. 나는 몇몇 친구들에게 전화를 했는데, 7-8명의 친구들이 신나하면서 우리 집에 와서 놀기로 하였습니다. 우리는 우선 집에서 아버지, 어머니와 함께 얘기를 좀 나눈 다음에, 술집에 가서 맥주를 마시고, 노래방에 가서 노래도 부르기로 하였습니다. 우리는 이제 성인이라서, 술을 마셔도 된답니다! 하하!

제3과 올림픽 에피소드

현대 올림픽의 100년이 넘는 역사 속에는 수많은 스타들 외에 재미있는 에피소드들도 정말 많답니다. 제1회 올림픽의 남자 테니스 금메달리스트가 실은 한 사람의 관중이었다는 사실을 아시나요? 그는 테니스 경기를 보던 중에 참가해보겠다는 결심을 했는데, 마지막엔 뜻밖에 금메달까지 따게 되었답니다!

제5회 올림픽에서는, 마라톤 경기를 하던 한 선수가 달리던 도중에 너무 피곤해서 한 관중의 집에 가서 잠을 잤는데, 그 다음날이 돼서야 숙소로 돌아온 일도 있었습니다.

2018년, 한국에서 동계올림픽을 치르게 되는데, 분명 더욱 재미있는 일들이 생기겠지요!

제4과 특별한 발렌타인 데이

한국의 젊은이들은 14일을 정말 좋아합니다.

2월 14일은 발렌타인 데이, 보통 여자가 남자에게 초콜릿을 선물합니다. 3월 14일은 화이트 데이, 감사의 의미로, 남자가 여자에게 사탕을 선물하지요. 4월 14일은 블랙 데이, 만약에 당신이 남자친구(혹은 여자친구)가 없다면, 검은 색 옷을 입고 가서 짜장면을 드십시오!

5월 14일은 연인에게 장미꽃 한 다발을 선물합니다. 6월 14일은 키스 데이, 무슨 일을 하는 날인지 말 안 해도 아시겠지요?......12월 14일은 1년 중 마지막 14일입니다. 남자는 여자를 기쁘게 해주기 위해서 반드시 가진 돈을 모두 써버려야 한답니다!

제5과 한류가 왔다!

소녀시대, 비, 동방신기…이들 한국의 스타들은 중국에도 정말 많은 팬들이 있다는 걸 몰랐을 겁니다!

사실, 중국의 일부 젊은이들, 심지어 중, 노년층도 한국의 TV연속극을 즐겨 보고, 한국 가요를 즐겨 들을 뿐만 아니라, 화장품, 옷, 빵집, 자동차, 완구 등의 한국 상품을 선호하기 시작했습니다. 갈비, 김치도 중국인의 밥상에 올랐습니다.

나는 지금 한국에 유학 와 있는데, 공부도 하면서 팬 활동도 열심히 해서, 내 마음 속 우상을 꼭 내 눈으로 직접 보고 말 것입니다!

제6과 재미있는 한국의 한자어

한국어에는 많은 한자어가 있습니다. 발음과 의미가 중국어와 아주 비슷해서, 우리가 중국어를 공부할 때 종종 매우 편리하다고 느끼게 됩니다.

그렇지만, 이들 한자어는 아주 많은 것들이 고대 중국어에서 온 것이어서, 오늘날의 중국어와는 큰 차이가 있습니다. 예를 들어, 한국어에서는 "车站"을 "역"이라고 하고, "停车"를 "주차"하고 하며, "足球" 를 "축구"라고 합니다.

대학에서, 저학년 학생들이 고학년들을 "선배"라고들 부릅니다. 하지만, "先辈"는 중국에서는 일반적으로 이미 돌아가신 노인들에 대한 존칭이라서, 절대로 함부로 써서는 안 되는 단어랍니다.

제7과 "베이징 떠돌이" 떠돌고 또 떠돌다…

"베이징 떠돌이"는 근래 출현한 신조어입니다. 중국에는 대학을 졸업하고 베이징에서 취업을 준비하고 있는 많은 젊은이들이 있습니다. 그렇지만 안정된 직업과 숙소를 찾기가 매우 어려워, 늘 이리저리로 옮겨 다녀서, 사람들에게 일종의 물 속에서 "떠돌아 다니는(표류하는)" 것 같은 느낌을 주게 되었고, 그래서 이런 이름이 생겨나게 되었답니다.

최근에는 점점 더 많은 외국인과 1세대 "베이징 떠돌이"의 자녀들도 베이징에서 "떠돌기" 시작했습니다. 그래서 "외국인 베이징 떠돌이", "2세대 베이징 떠돌이"가 또 생겨나게 되었습니다. 취업이라는 건, 젊은이들에게 있어서 정말 어려운 일인가봅니다!

제8과 쇼핑을 하며 한국을 보다

나는 물건을 살 때 대형 마트에 가는 것을 가장 좋아하는데, 그 곳엔 물건도 많고, 말을 많이 하지 않아도 되기 때문이다 ---내 한국어 실력이 별로 좋지 않기 때문에…….

나는 한국의 마트에서 30분 정도마다 광고음악을 틀어주고, 그런 다음에 직원들이 노래에 맞춰 박수를 치거나 혹은 인사를 하면서 고객들을 환영하는 것을 보았다.

마트 안에는 아주 많은 식품들을 모두 공짜로 맛볼 수 있다. 게다가 스넥 전용 코너도 있어서 점심이나 저녁을 먹을 수도 있다.

아 참! 한국에 와본 많은 사람들이 내게 바나나 우유를 먹어보라고 추천했는데, 그게 맛있는 건

물론이고, 최근엔 또 밤 우유라는 걸 발견했는데, 이것도 너무너무 맛있다!

제9과 겨울 속의 봄

겨울엔 중국의 어느 곳이 가장 재미있는 곳일까요? 어떤 사람은 하얼삔이라고 할 겁니다---그곳에선 얼음등을 볼 수 있거든요! 그렇지만, 나는 당신에게 윈난의 쿤밍에 가볼 것을 추천합니다. 왜냐구요?---추운 겨울에, 오히려 봄의 햇볕을 느낄 수 있으니, 이게 바로 아주 재미있는 것 아니겠어요?

쿤밍은 "봄의 성"이라고도 부르는데, 왜냐하면 사계절이 모두 봄날처럼, 도시에 일년 내내 꽃이 피기 때문이지요! 윈난에는 20여 민족이 살고 있답니다. 쿤밍의 길거리에서 그 아름다운 전통 복장을 보는 일은, 분명 당신에게 신선한 느낌과 재미를 느끼게 해 줄 거에요. 게다가, 아마도 당신이 본 적도 없을 수도 있는 그 열대 과일들은 먹어도 먹어도 끝이 없을 거에요!

제10과 부산에서 즐거운 하루!

지난 주말, 나는 두 명의 중국친구와 함께 부산에서 하루를 재미있게 지냈습니다. 두 명의 중국친구들은 비록 외국인이지만, 부산에서 생활한 지 이미 2년도 더 되어서, 부산에 대해서 저보다 더 잘 알고 있답니다. 그 친구들은 부산 토박이처럼 나에게 부산의 여러 유명한 곳을 소개해주었습니다. 우리는 지하철을 타고 해운대와 광안리에 갔습니다. 이 장소들은 영화 <해운대>에서 다 봤던 곳이지만, 정말 경치가 아름다웠습니다. 특히 광안대교의 야경! 아름다운 경치를 보면서, 해산물도 먹고, 맥주도 마시고, 정말 즐거웠습니다!

제11과 인터넷광

우리 집에 새 컴퓨터를 한 대 샀답니다. 요 며칠 동생이 계속 인터넷을 하고 컴퓨터 게임에 빠져 있어서, 엄마가 어린이가 너무 컴퓨터에만 빠져 있으면 안 된다고 말씀하셨지요. 그런데, 어젯밤에 동생이 또 컴퓨터를 오래 붙잡고 있다가, 엄마한테 들켰습니다. 엄마는 많이 화가 나셔서 말씀하셨습니다. "오늘부터 컴퓨터는 하루에 최대 30분만 하도록 해!" 그러자 동생은 "게임 하는 거 아냐, 컴퓨터로 숙제하는 거란 말이야."라고 대들었습니다.

아빠가 해결책을 내놓았습니다. "너 컴퓨터 해도 된다. 하지만 네가 뭘 하고 있는지 우리한테 보여줘야만 해." 아빠는 말을 마치자마자, 컴퓨터를 거실로 옮겨다 놓으셨지요. 이번엔 동생은 감히 아무 말도 못했답니다.

제12과 곧 방학이다!

좀 있으면 방학이다!

나는 중국친구 몇 명을 데리고 할머니 댁에 놀러 가고 싶다. 할머니 댁은 시골에 있는데, 나는 중국친구들에게 한국의 농촌생활을 체험할 수 있는 기회를 주고 싶다. 평소엔 할머니를 뵐 시간이 없기 때문에 삼촌이 내가 갈 거라는 걸 아시고는 벌써 우리를 위해서 낚시, 수영, 수박서리 같은 재미있는 일들을 준비해 놓으셨다. 날씨가 좋다면, 저녁엔 커다란 달과 수많은 별들도 볼 수 있을 것이다. 할머니의 얘기를 들으면서 수박도 먹고 별도 보고, 정말 너무 신나는 여름방학이 될 것이다.

연습문제 및 HSK 연습문제 해답

제 1 과

【 연습문제 】

1 생략

2 1. 哪种狗(什么狗)是韩国人最喜欢的狗?

2. 小白的主人把它买到哪儿(哪里)了?

3. 它用了多长时间(几个月)，从大田回到珍岛?

4. 小白为什么让韩国人感动?

3 생략

【 HSK 연습문제 】

1	2	3	4	5	6	7	8	9	10
B	D	A	E	C	F	C	A	D	E
11	12	13	14	15					
A	C	B	C	A					

16. 你是哪国人?

17. 他又来了电话。

18. 我对武术很感兴趣。

19. 借

20. 离

제 2 과

【 연습문제 】

1 哈哈－－笑声　　咚咚－－敲门声　　哗哗－－雨声

嘀嘀－－汽车喇叭　　叮咚－－门铃　　咣当－－关门

2 1. 廷伊要去哪儿(哪个城市 / 哪里)上大学?

2. 谁要去仁川上大学?

3. 几号是你的20岁生日? / 你的生日是几号?

4. 3月1号是你几岁的生日?

5. 咱们去那儿? / 咱们去做什么?

3 생략

4

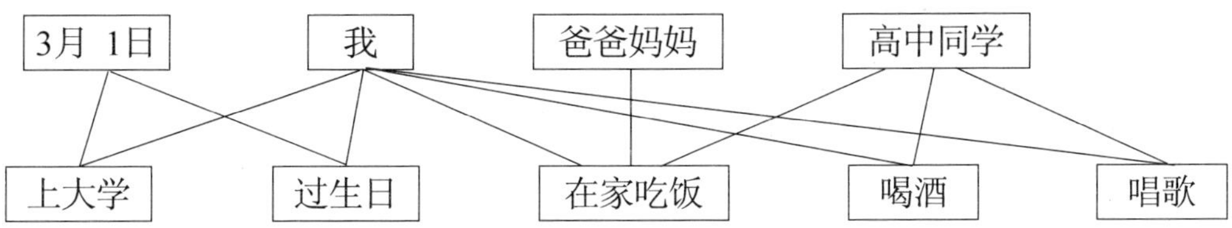

【 HSK연습문제 】

1	2	3	4	5	6	7	8	9	10
C	B	D	A	B	D	C	A	C	C
11	12								
C	A								

13. 我想去医院看病。

14. 请不要大声说话。

15. 这件衣服比以前贵一点儿。

16. 我很少去看电影。

17. 机

18. 害

19. 邻

20. 蕉

제 3 과

【 연습문제 】

1 생략　　**2** 생략　　**3** 생략

【 HSK 연습문제 】

1	2	3	4	5	6	7	8	9	10
E	C	A	B	F	D	A	B	F	E
11	12	13	14	15					
B	C	B	C	C					

16. 图书馆里有许多书。
17. 爸爸经常到广州出差。
18. 我们在车站等了半小时。
19. 同
20. 懂

제 4 과

【 연습문제 】

1 생략

2 2月14日 - 巧克力 3月14日 - 好吃的糖 4月14日 - 炸酱面
5月4日 - 玫瑰花 12月14日- 钱

【 HSK 연습문제 】

1	2	3	4	5	6	7	8	9	10
D	C	E	B	A	E	C	D	C	A
11	12								
B	B								

13. 一个人穿着黑衣服去吃炸酱面。
14. 圣诞节的时候，要送给恋人玫瑰花。
15. 动物们跑到山上去了。
16. 放学以后我经常去逛逛书店。
17. 愿
18. 会
19. 健
20. 息

제 5 과

【 HSK 연습문제 】

■1 생략　■2 생략　■3 생략

【 HSK 연습문제 】

1	2	3	4	5	6	7	8	9	10
B	C	D	A	A	C	D	B	B	C

11	12
C	B

13. 明天准备去哪个饭馆儿吃饭?
14. 他的作业终于写完了。
15. 韩国明星在中国有特别多的粉丝。
16. 这次会议在我的家乡举行。
17. 泳
18. 楚
19. 爱
20. 丈

제 6 과

【 연습문제 】

■1 韩国汉字词的发音和意思和汉语很相似。 － 对我们学习汉语有帮助。

汉字词很多是古代的。 － 和现代汉语的意思不一样了。

“先辈”在中国一般是对已经去世的老人的尊称。 － 千万不能随便用。

■2 생략

■3 생략

【 HSK 연습문제 】

1	2	3	4	5	6	7	8	9	10
D	B	A	C	A	D	B	C	B	A
11	12								
B	C								

13. 我想去中国看看。
14. 韩语中有很多汉字词和汉语发音相似。
15. 千万不能随便乱用啊。
16. 每个周末我去公园骑自行车。
17. 附
18. 蛋
19. 迎
20. 园

제 7 과

【 연습문제 】

1 생략

2 생략

3 생략

【 HSK 연습문제 】

1	2	3	4	5	6	7	8	9	10
C	D	A	B	D	A	C	B	B	C
11	12								
A	C								

13. 你再说一次。
14. 他忘记带书了。
15. 天气越来越凉了。
16. 你知道我有多么孤单啊。
17. 去

18. 照

19. 熊

20. 银

제 8 과

【 연습문제 】

1 1. √

2. √

3. X

4. X

5. √

2 생략

3 1. 发(现)

2. (大)概

3. 栗(子)

4. 鞠(躬)

【 HSK 연습문제 】

1	2	3	4	5	6	7	8	9	10
C	D	A	B	C	D	A	B	C	B
11	12								
A	C								

13. 我喜欢首尔这样的大城市。

14. 我又发现了一种栗子牛奶。

15. 服务员鞠躬欢迎顾客。

16. 小王的头发很长。

17. 喜

18. 食

19. 现

20. 片

제 9 과

【 연습문제 】

1 1. 哈尔滨可以看什么?
2. 哪儿可以看冰灯?
3. 昆明有多少个少数民族?
4. 哪儿有20多个少数民族?
5. 这个假期你准备去哪儿旅游?

2 생략

3 생략

【 HSK 연습문제 】

1	2	3	4	5	6	7	8	9	10
C	D	B	A	C	A	D	B	B	C

11	12
B	A

13. 前边来了一个人。
14. 我真的不知道。
15. 那辆自行车坏了。
16. 我去超市买苹果。
17. 到
18. 心
19. 租
20. 意

제 10 과

【 연습문제 】

1 생략

2 생략

1. 熟悉　2. 有名　3. 新鲜　4. 开心

【 HSK 연습문제 】

번호	1	2	3	4	5	6	7	8	9	10	11	12
정답	C	B	D	A	B	A	D	C	B	B	A	C

13. 我要认真学习汉语。
14. 这条裙子多少钱?
15. 累了就好好儿休息吧。
16. 包
17. 爬
18. 骑
19. 清
20. 游

제 11 과

【 연습문제 】

생략

생략

생략

【 HSK 연습문제 】

번호	1	2	3	4	5	6	7	8	9	10	11	12	13	14
정답	D	F	G	A	E	B	BCA	CAB	ACB	BAC	C	C	A	B

15. 这几年全球的天气都不太正常。

16. 儿子失败的消息让妈妈很失望。

17. 最近环境污染越来越厉害。

18. 教室里的墙上挂着一张中国地图。

19. 생략

20. 생략

제 12 과

【 연습문제 】

1 생략

2 생략

3 생략

【 HSK 연습문제 】

번호	1	2	3	4	5	6	7	8	9	10	11	12	13	14
정답	E	A	G	B	D	F	CBA	BCA	ABC	CAB	A	C	D	D

15. 足球是一种历史很久的运动项目。

16. 活泼的性格比漂亮的脸更重要。

17. 爸爸给我买的这匹马跑得真快。

18. 十分难忘的大学生活快要结束了。

19. 생략

20. 생략

3급 읽기와 쓰기 단어 색인

단어	품사	발음기호	신HSK등급	해당과
聪明	형	cōngming	3	9
		D		
大概	부	dàgài	4	2
带	동	dài	3	12
代表	명	dàibiǎo	4	1
单词	명	dāncí		8
蛋糕	명	dàngāo	3	2
但是	접	dànshì	4	6
大田	고유	Dàtián		1
答谢	동	dáxiè		4
(上)大学	명	(shàng)dàxué	2	2
低(高)年级	명	dī(gāo)niánjí	3	6
电视剧	명	diànshìjù	4	5
钓(鱼)	동	diào(yú)	5	12
地方	명	dìfang	3	10
定居	동	dìngjū		6
地铁	명	dìtiě	3	10
第一代		dì-yī dài		7
冬奥会	고유	Dōng’àohuì		3
东方神起	고유	Dōngfāng Shénqǐ		5
		F		
放	동	fàng	3	8
放假		fàngjià		12
方便	형	fāngbiàn	3	6
放学	동	fàngxué		8
翻来覆去		fānlái-fùqù		7
翻译	동	fānyì	4	6
发生	동	fāshēng	4	3
发现	동	fāxiàn	3	8
“粉丝”	명	fěnsī		5
幅	양	fú	5	9
付钱	동	fùqián	5	2
釜山	고유	Fǔshān		2
服务	동	fúwù	2	12
服装	명	fúzhuāng	5	9
		G		
该	조동	gāi	3	4
赶	동	gǎn	5	4

단어	품사	발음기호	신HSK등급	해당과
敢	조동	gǎn	3	11
感动	동	gǎndòng	4	1
刚	부	gāng	4	8
干净	형	gānjìng	3	8
感觉	명	gǎnjué	4	7
感受	동	gǎnshòu	5	9
干燥	형	gānzào	4	9
高中	명	gāozhōng	4	2
给……买……		gěi…mǎi…		2
给……打电话		gěi…dǎdiànhuà	2	2
更	부	gèng	3	3
公里	양	gōnglǐ	4	1
公民	명	gōngmín	6	6
挂	동	guà	4	9
广安大桥	고유	Guǎng'ān Dàqiáo		10
广安里	고유	Guǎng'ānlǐ		10
广告	명	guǎnggào	4	8
冠军	명	guànjūn	5	3
观众	명	guānzhòng	4	3
古代	명	gǔdài	6	6
孤单	형	gūdān	4	7
顾客	명	gùkè	4	8
故事	명	gùshi	3	3
		H		
哈尔滨	고유	Hā'ěrbīn		9
哈哈	감	hāhā	5	2
还(有)……		hái(yǒu)……		3
海鲜	명	hǎixiān	5	10
海云台	고유	Hǎiyúntái		10
寒冷	형	hánlěng		9
韩语	고유	Hányǔ		6
好玩	형	hǎowán		9
黑板	명	hēibǎn	3	9
花(光)	동	huā(guāng)	3	4
华侨	명	huáqiáo	6	6
化妆品	명	huàzhuāngpǐn	6	5
活动	명	huódòng	4	12
		J		

단어	품사	발음기호	신HSK등급	해당과
极(了)	부	jí(le)	3	6
坚持	동	jiānchí	4	1
讲	동	jiǎng	3	12
家乡	명	jiāxiāng	5	1
记得	동	jìde	3	6
届	양	jiè	5	3
街	명	jiē	3	9
机会	명	jīhuì	3	12
精神	명	jīngshén	4	1
酒吧	명	jiǔbā	5	2
决定	동	juédìng	3	1
鞠躬	동	jūgōng	6	8
		K		
开玩笑		kāi wánxiào		11
开心	형	kāixīn	5	10
看起来		kànqilai		7
烤肉	명	kǎoròu		5
可爱	형	kě'ài	3	2
可是	접	kěshì	4	7
客厅	명	kètīng		11
空气	명	kōngqì	4	9
KTV				2
昆明	고유	Kūnmíng		9
裤子	명	kùzi	3	4
		L		
蓝	형	lán	3	7
老鼠	명	lǎoshǔ	5	11
拉萨	고유	Lāsà		1
凉	형	liáng	4	7
恋人	명	liànrén	5	4
练习	동	liànxí	3	8
了解	동	liǎojiě	3	2
聊天	동	liáotiān	4	2
立即	부	lìjí	5	8
另类	형	lìnglèi		4
历史	명	lìshǐ	3	3
栗子	명	lìzi		8
楼下		lóu xià		9

단어	품사	발음기호	신HSK등급	해당과
		M		
卖	동	mài	2	1
麦当劳	고유	Màidāngláo		2
马拉松	고유	Mălāsōng		3
玫瑰花	명	méiguihuā		4
美国	고유	Měiguó		8
眉毛	명	méimao	5	2
免费		miănfèi	4	8
明亮	형	míngliàng		4
明星	명	míngxīng	5	3
民族	명	mínzú	4	1
		N		
拿	동	ná	3	6
难	형	nán	3	7
难道	부	nándào	4	9
年轻（人）	형	niánqīng（rén）	3	7
农村	명	nóngcūn	4	12
		O		
偶像	명	ǒuxiàng		5
		P		
拍	동	pāi	5	8
泡菜	명	pàocài		5
骗子	명	piànzi	4	6
啤酒	명	píjiŭ	3	2
平时	명	píngshí	4	12
		Q		
钱包	명	qiánbāo		11
墙	명	qiáng	3	9
千万	부	qiānwàn	4	6
巧克力	명	qiăokèlì	5	4
请	동	qĭng	2	2
清楚	형	qīngchǔ	3	9
情人节	고유	Qíngrén Jié		4
清新	형	qīngxīn		9
亲眼	부	qīnyăn	5	5
犬	명	quăn	6	1
去世	동	qùshì	5	6

단어	품사	발음기호	신HSK등급	해당과
趣闻	명	qùwén		3
		R		
让	개	ràng	3	6
热带	명	rèdài		9
人民	명	rénmín	4	12
容易	형	róngyì	3	7
如果	접	rúguǒ	3	4
		S		
伞	명	sǎn	3	7
散步	동	sànbù	4	2
上(个)周末		shàng(gè)zhōumò	3	10
上海	고유	Shànghǎi		2
上网		shàngwǎng	3	11
少女时代	고유	Shàonǚ Shídài		5
少数民族	명	shǎoshù mínzú		9
身高	명	shēngāo		1
生活	동	shēnghuó	4	10
生气	동	shēngqì	3	11
甚至	부	shènzhì	4	5
试	동	shì	4	7
食品	명	shípǐn	4	8
湿润	형	shīrùn	4	9
瘦	형	shòu	3	1
首	양	shǒu		1
首尔	고유	Shǒu'ěr		2
束	양	shù	6	4
舒服	형	shūfu	3	12
水墨画	명	shuǐmòhuà		9
暑假	명	shǔjià		12
说实话		shuō shíhuà		11
叔叔	명	shūshu	3	12
熟悉	형	shúxī	4	10
属于	동	shǔyú	5	4
四季	명	sìjì		9
随便	형	suíbiàn	4	6
虽然	접	suīrán	3	10
塑料	명	sùliào	4	5
所有	명	suǒyǒu	4	4

단어	품사	발음기호	신HSK등급	해당과
宿舍	명	sùshè	5	8
		T		
糖	명	táng	3	4
天空	명	tiānkōng	5	7
体会	동	tǐhuì	5	12
廷伊	고유	Tíngyī		1
同意	동	tóngyì	3	8
偷	동	tōu		11
推荐	동	tuījiàn	5	9
退烧	동	tuìshāo		1
		W		
外国人		wàiguórén		10
弯	형	wān	5	2
网迷	명	wǎngmí	4	11
网球	명	wǎngqiú	4	3
玩具	명	wánjù	5	5
味道	명	wèidào	4	8
未来	명	wèilái	5	12
为了	개	wèile	3	4
稳定	형	wěndìng	5	7
无论如何	성	wúlùn-rúhé	5	4
		X		
喜爱	동	xǐ'ài		5
细	형	xì	5	10
先……再……		xiān…zài…	3	2
先辈	명	xiānbèi		6
现代	명	xiàndài	4	3
像	동	xiàng	3	5
像……一样		xiàng…… yíyàng	3	10
想法	명	xiǎngfǎ		2
相似	형	xiāngsì	5	6
乡下	명	xiāngxià		12
相信	동	xiāngxìn	3	6
鲜花	명	xiānhuā		9
小时候		xiǎo shíhou		1
小白	고유	Xiǎobái		1
小吃(区)	명	xiǎochī(qū)	5	8
小说	명	xiǎoshuō	4	6

단어	품사	발음기호	신HSK등급	해당과
小偷	명	xiǎotōu	5	11
行	형	xíng	4	8
星星	명	xīngxing		12
信赖	동	xìnlài	6	8
新鲜	형	xīnxiān	3	9
辛(辛苦)苦	형	xīnxīn-kǔkǔ	4	4
西藏	고유	Xīzàng		1
		Y		
洋北漂	고유	yáng Běipiāo		7
阳光	명	yángguāng	4	9
姚明	고유	Yáo Míng		1
夜	명	yè	5	1
夜景	명	yèjǐng		10
驿	명	yì		6
一点儿		yìdiǎnr		2
已经	부	yǐjīng	2	2
应该	조동	yīnggāi	3	11
英语	고유	Yīngyǔ		9
一样	형	yíyàng	3	5
一直	부	yìzhí	3	11
一致	부	yízhì	5	1
用	동	yòng	3	8
有名	형	yǒumíng	3	10
有趣	형	yǒuqù	4	3
游戏	명	yóuxì	3	11
由于	접	yóuyú	4	1
月亮	명	yuèliang	3	4
云南	고유	Yúnnán		9
于是	접	yúshì	4	7
		Z		
摘	동	zhāi	5	12
炸酱面	명	zhájiàngmiàn		4
长大		zhǎngdà	3	2
着急	형	zháojí	3	1
这一下		zhè yí xià		11
珍岛	고유	Zhēndǎo		1
重	형	zhòng	5	9
中秋	고유	Zhōngqiū		4

단어	품사	발음기호	신HSK등급	해당과
驻车	동	zhùchē		6
专门	형	zhuānmén	4	8
“追星”		zhuīxīng		5
主人	명	zhǔrén	5	1
注意	동	zhùyì	3	7
主意	명	zhǔyi	4	11
总是	부	zǒngshì	3	4
嘴唇	명	zuǐchún	6	2
最后	명	zuìhòu	4	4
最近	명	zuìjìn	3	7
尊称	명	zūnchēng		6
坐(飞机)	동	zuò(fēijī)		2
作业	명	zuòyè	3	8

신HSK 3급 단어목록

A

阿姨	ā'yí
啊	a
矮	ǎi
爱	ài
爱好	àihào
安静	ānjìng

B

八	bā
把	bǎ
爸爸	bàbà
吧	ba
白	bái
百	bǎi
班	bān
搬	bān
半	bàn
办法	bànfǎ
办公室	bàngōngshì
帮忙	bāngmáng
帮助	bāngzhù
包	bāo
饱	bǎo
报纸	bàozhǐ
杯子	bēizi
北方	běifāng
北京	běijīng
被	bèi
本	běn
鼻子	bízi
比	bǐ
比较	bǐjiòo
比赛	bǐsòi
必须	bìxū
变化	biànhuà
表示	biǎoshì
表演	biǎoyǎn
别	bié
别人	biérén
宾馆	bīnguǒn
冰箱	bīngxiōng
不客气	búkèqi
不	bù

C

才	cái
菜	cài
菜单	càidān
参加	cānjiā
草	cǎo
层	céng
茶	chá
差	chà
长	cháng zhǎng
唱歌	chànggē
超市	chāo shì
衬衫	chèshān
成绩	chéngjì
城市	chéngshì
吃	chī

迟到	chídào
出	chū
出现	chūxiàn
出租车	chūzūchē
厨房	chúfáng
除了	chúle
穿	chuān
船	chuán
春	chūn
词语	cíyǔ
次	cì
聪明	cōngmíng
从	cóng
错	cuò

D

打电话	dǎdiànhuà
打篮球	dǎlánqiú
打扫	dǎsǎo
大	dà
大家	dàjiā
带	dài
担心	dānxīn
蛋糕	dàngāo
但是	dànshì
当然	dāngrán
到	dào
地	dì
的	de
得	dé děi
灯	dēng
等	děng
低	dī
弟弟	dìdì
地方	dìfāng
地铁	dìtiě
地图	dìtú
第一	dìyī
点	diǎn
电脑	diànnǎo
电视	diànshì
电梯	diàntī
电影	diànyǐng
电子邮件	diànzǐyóujiàn
东	dōng
东西	dōngxi
冬	dōng
懂	dǒng
动物	dòngwù
都	dōu
读	dú
短	duǎn
段	duàn
锻炼	duànliàn
对	duì
对不起	duìbùqǐ
多	duō
多么	duōme
多少	duōshǎ

E

饿	è
而且	érqiě
儿子	érzi
耳朵	ěrduo
二	èr

F

发烧	fāshāo
发现	fāxiàn
饭馆	fànguǎn
方便	fāngbiàn
房间	fánfjiān
放	fàng
放心	fàngxīn
非常	fēicháng
飞机	fēijī
分	fēn
分钟	fēnzhōng
服务员	fúwùyuán
附近	fùjìn
复习	fùxí

G

干净	gānjìng
敢	gǎn
感冒	gǎnmào
刚才	gāngcái
高	gāo
高兴	gāoxìng
告诉	gàosù
哥哥	gēgē
个	gè
给	gěi
跟	gēn
根据	gēnjù
更	gèng
公共汽车	gōnggòngqìchē
公斤	gōngjīn
公司	gōngsī
公园	gōngyuán
工作	gōngzuò
狗	gǒu
故事	gùshì
刮风	guāfēng
关	guān
关系	guānxì
关心	guānxīn
关于	guānyú
贵	guì
国家	guójiā
果汁	guǒzhī
过去	guòqù
过	guò

H

还	hái
还是	háishì
孩子	hái
害怕	hàipà
汉语	hànyǔ
好	hǎo
好吃	hǎochī
号	hào
喝	hē
和	hé
河	hé
黑	hēi
黑板	hēibǎn
很	hěn
红	hóng
后面	hòumiàn
护照	hùzhào
花	huā
花园	huāyuán

画	huà
坏	huài
欢迎	huānyíng
还	hái huán
环境	huánjìng
换	huàn
黄	huáng
回	huí
回答	huídá
会	huì
会议	huìyì
火车站	huǒchēzhàn
或者	huòzhě

J

机场	jīchǎng
鸡蛋	jīdàn
几乎	jīhū
机会	jīhuì
极	jí
几	jǐ
记得	jìde
季节	jìjié
家	jiā
检查	jiǎnchá
简单	jiǎndān
件	jiàn
健康	jiànkāng
见面	jiànmiàn
讲	jiǎng
教	jiāo jiào
角	jiǎo
脚	jiǎo
叫	jiào
教室	jiàoshì
接	jiē
街道	jiēdào
结婚	jiéhūn
结束	jiéshù
节目	jiémù
节日	jiérì
姐姐	jiějie
解决	jiějué
借	jiè
介绍	jièshào
今天	jīntiān
进	jìn
近	jìn
经常	jīngcháng
经过	jīngguò
经理	jīnglǐ
九	jiǔ
久	jiǔ
旧	jiù
就	jiù
举行	jǔxíng
句子	jùzi
觉得	juéde
决定	juédìng

K

咖啡	kāfēi
开	kāi
开始	kāishǐ
看	kàn
看见	kànjiàn
考试	kǎoshì
渴	kě

可爱	kě'ài
可能k	ěnéng
可以	kěyǐ
刻	kè
课	kè
客人	kèrén
空调	kōngtiáo
口	kǒu
哭	kū
裤子	kùzi
块	kuài
快	kuài
快乐	kuàilè
筷子	kuàizi

L

来	lái
蓝	lán
老	lǎo
老师	lǎoshī
了	le
累	lèi
冷	lěng
离	lí
离开	líkāi
里	lí
礼物	lǐwù
历史	lìshǐ
脸	liǎn
练习	liànxí
两	liǎng
辆	liàng
了解	liǎojiě
邻居	línjū
零	líng
六	liù
楼	lóu
路	lù
旅游	lǚyóu
绿	lǜ

M

妈妈	māma
马	mǎ
马上	mǎshàng
吗	ma
买	mǎi
卖	mài
满意	mǎnyì
慢	màn
忙	máng
猫	māo
帽子	màozi
没	méi
没关系	méiguānxi
每	měi
妹妹	mèimèi
门	mén
米	mǐ
米饭	mǐfàn
面包	miànbāo
面条	miàntiáo
明白	míngbái
明天	míngtiān
名字	míngzi

N

拿	ná

哪(哪儿)	nǎ’ér
那(那儿)	nà’ér
奶奶	nǎinǎi
南	nán
男人	nánrén
难	nán
难过	nánguò
呢	ne
能	néng
你	nǐ
年	nián
年级	niánjí
年轻	niánqīng
鸟	niǎo
您	nín
牛奶	niúnǎi
努力	nǔlì
女儿	nǚ’ér
女人	nǚrén

P

爬山	páshān
盘子	pán
旁边	pángbiān
胖	pàng
跑步	pǎobù
朋友	péngyǒu
啤酒	píjiǔ
便宜	piányí
票	piào
漂亮	piàoliàng
苹果	píngguǒ
葡萄	pútáo
普通话	pǔtōnghuà

Q

七	qī
妻子	qīzǐ
其实	qíshí
其他	qítā
骑	qí
奇怪	qíguài
起床	qǐchuáng
千	qiān
铅笔	qiānbǐ
钱	qián
前面	qiánmiàn
清楚	qīngchǔ
晴	qíng
请	qǐng
秋	qiū
去	qù
去年	qùnián
裙子	qúnzi

R

然后	ránhoù
让	ràng
热	rè
热情	rèqíng
人	rén
认识	rènshí
认为	rènwéi
认真	rènzhēn
日	rì
容易	rōngyì
如果	rúguǒ

S

三	sān
伞	sǎn
商店	shāngdiàn
上	shàng
上班	shàngbān
上网	shàngwǎng
上午	shàngwǔ
少	shào shǎo
谁	shuí
身体	shēntǐ
什么	shénme
生病	shēngbìng
生气	shēngqì
生日	shēngrì
声音	shēngyīn
十	shí
时候	shíhòu
时间	shíjiān
使	shǐ
是	shì
世界	shìjiè
事情	shìqíng
手表	shǒuniǎo
手机	shǒujī
瘦	shòu
书	shū
舒服	shūfú
叔叔	shūshū
树	shù
数学	shùxué
刷牙	shuāyá
双	shuāng
水	shuǐ
水果	shuǐguǒ
水平	shuǐpíng
睡觉	shuìjiào
说话	shuōhuà
司机	sījī
四	sì
送	sòng
虽然	suīrán
岁	suì
所以	suǒyǐ

T

他	tā
她	tā
它	tā
太	tài
太阳	tàiyáng
糖	táng
特别	tébié
疼	téng
踢足球	tīzúqiú
题	tí
提高	tígāo
体育	tǐyù
天气	tiānqì
甜	tián
条	tiáo
跳舞	àŭ
听	tīng
同事	tóngshì
同学	tóngxué
同意	tóngyì
头发	tóufà
突然	tūrán

图书馆	túshūguǎn
腿	tuǐ

W

外	wài
完	wán
完成	wánchéng
玩	wán
碗	wǎn
晚上	wǎnshàng
万	wàn
忘记	wàngjì
喂	wèi wéi
为	wèi
为了	wèile
为什么	wèishénme
位	wèi
文化	wénhuà
问	wèn
问题w	èntí
我	wǒ
我们	wǒmen
五	wǔ

X

西	xī
西瓜	xīguā
希望	xīwàng
习惯	xíguàn
洗	xǐ
洗手间	xǐshǒujiān
洗澡	xǐzǎo
喜欢	xǐhuān
下	xià
下午	xiàwǔ
下雨	xiàyǔ
夏	xià
先	xiān
先生	xiānshēng
现在	xiànzài
香蕉	xiāngjiāo
相同	xiāngtóng
相信	xiāngxìn
想	xiǎng
向	xiàng
像	xiàng
小	xiǎo
小姐	xiǎojiě
小时	xiǎoshí
小心	xiǎoxīn
笑	xiào
校长	xiàozhǎng
些	xiē
鞋	xié
写	xiě
谢谢	xièxiè
新	xīn
新闻	xīnwén
新鲜	xīnxiān
信	xìn
星期	xīngqī
行李箱	xínglǐxiāng
姓	xìng
兴趣	xìngqù
熊猫	xiòngmāo
休息	xiūxi
需要	xūyào
选择	xuǎnzé
学生	xuéshēng
学习	xuéxí

学校	xuéxiào
雪	xuě

Y

颜色	yánsè
眼镜	yǎnjìng
眼睛	yǎnjīng
羊肉	yángròu
要求	yāoqiú
药	yào
要	yào
爷爷	yéyé
也	yě
一	yī
衣服	yīfú
医生	yīshēng
医院	yīyuàn
一定	yídìng
一共	yígòng
一会儿	yíhuì'ér
一样	yíyàng
以后	yǐhòu
以前	yǐqián
以为	yǐwéi
已经	yǐjīng
椅子	yǐzi
一般	yìbān
一边	yìbiān
一起	yìqǐ
一直	yìzhí
意思	yìsi
阴	yīn
因为	yīnwéi
音乐	yīnyuè
银行	yínháng
应该	yīnggāi
影响	yǐngxiǎng
用	yòng
游戏	yóuxì
游泳	yóuyǒng
有	yǒu
有名	yǒumíng
又	yòu
右边	yòubiān
鱼	yú
遇到	yùdào
元	yuán
远	yuǎn
愿意	yuànyì
月	yuè
月亮	yuèliàng
越	yuè
云	yún
运动	yùndòng

Z

在	zài
再	zài
再见	zàijiàn
早上	zǎoshàng
怎么	zěnme
怎么样	zěnmeyàng
站	zhàn
张	zhāng
长	cháng zhǎng
丈夫	zhàngfū
着急	zháojí
找	zhǎo

照顾	zhàogù
照片	zhàopiān
照相机	zhàoxiàngjī
这(这儿)	zhèér
着	zhe
真	zhēn
正在	zhèngzài
知道	zhīdào
只	zhī zhǐ
中国	zhōngguó
中间	zhōngjiān
中午	zhōngwǔ
终于	zhōngyú
种	zhòng
重要	zhòngyào
周末	zhōumò
主要	zhǔyào
住	zhù
祝	zhù
注意	zhùyì
准备	zhǔnbèi
桌子	zhuōzi
字	zì
字典	zìdiǎn
自己	zìjǐ
自行车	zìxíngchē
总是	zǒngshì
走	zǒu
最	zuì
最近	zuìjìn
昨天	zuótiān
左边	zuǒbiān
坐	zuò
做	zuò
作业	zuòyè
作用	zuòyòng